新安汪氏文獻集珍卷初探

祿和堂 編
承載 著

上海書畫出版社

目錄

前言

歷經彌久的宗族文獻首度面世
透露了新安汪氏湮没在歲月長河中的豐富信息
揭示了一個江南望族的重要歷史
為今人提供了廣闊的探索研究空間

前言

古語有云：家之有譜，猶國之有史。一部家族史，從某種意義上説，就是人類社會文明進程的一個縮影。尋宗問祖，理清世系，是其主要手段；傳承祖訓，賡續家風，則是其現實生活的需要。

《新安汪氏文獻集珍》卷（以下簡稱『《集珍》卷』），由古代新安地區汪氏家族爲中心産生於不同時期的歷史文獻和先人肖像組成，文獻内容包括了朝廷頒給汪氏族人的詔書敕文，與早期汪氏譜牒相關的序跋、題記，以及爲族中某位名人撰寫的小傳、贊辭等。文獻署年或署名者涉及的朝代爲唐、宋、元三代，既有唐時的族人，也有宋元時期十多位著名的學者、官員。這些文獻，從幾個局部反映了新安汪氏的家族淵源和人文傳承。

唐代對於世家大族的譜牒編修有較爲嚴格的制約，均由官方設局進行，晚唐五代之際，廢除官修譜牒之制，民間修譜之風漸盛。此後，世家大族所修之譜的主要内容分爲兩大類：一是文獻，本族名人的傳、誥、表、銘、狀之類；一是世系，以區别親疏尊卑、嫡庶繼統之分。文獻作爲譜牒内容的組成部分，其作用是借此便於考究本族人文歷史；世系的羅列排比，則可以明確本族的淵源支派和世次前後。這一特質反映在古代新安地區，更衍生爲族人對於家族人文道德傳統的認同，并進而成爲家族成員共有共守、共同弘揚的寶貴的精神財富。

由於各種歷史原因所致，明以前留存至今的早期家族文獻實物已極爲少見，除了那些出土的石刻碑版類文獻外，紙質類的版刻或手寫文書，基本上都晚於元代，而集中於明清時期的，數量固多，但其對於早期的家族歷史每每語焉不詳，傳抄錯訛，附會牽扯者不在少數。因此，學術界儘管都認識到早期家族文獻的重要，却因其存世極少，得之甚難。

《集珍》卷得以保存至今，有其特殊的時代背景。

二十世紀五十年代末，各地農村在轟轟烈烈的人民公社化運動中，將所轄範圍内幾乎所有的宗族祠堂或家廟收歸集體所有，除了極個别因其具有較高的歷史文物價值而列入政府保護文物者外，其餘絶大多數均被當地徹底改變了用途。有的成爲倉庫，有的改造爲學校，也有的用作集體的辦公場所。作爲宗族或家族所有的其他財產，如各種祭器、家俱擺設和別的相關物件，大都散失，或流入私人之手，或轉賣到廢舊物資收購站、文物商店。[一]至於比祭器、家俱擺設更有價值的歷史文獻，如歷代纂修刊印的譜牒、精心繪製的先人畫像、各時期族中的財務簿册、契約文書等等，因其内容大都涉及當時極爲忌諱的封建迷信或地主財産，更是被列入清理範圍，或燒或毀，幾乎喪失殆盡。只有極少部分被人私下收存，有的則在日後被賣到了當時由政府指定的國有古物收購處。《集珍》卷正是在這樣的時代背景下，於二十世纪六十年代初期被上海朵雲軒門市部收購處獲得的。

此卷目前的現狀爲，原配裝裱材料包括手卷的包首、題簽均已剥離，不知所踪，無引首題辭，拖尾亦爲空白，貫通全卷的撞邊大都剥離或斷失，在部分較早期的文本上，明顯看出存在着多次揭裱的痕蹟。這些現象表明，此卷現有内容并非在同一時期内産生，而是在一段較長的時間内逐步積累後，再重新組合裝裱的，由於在卷中出現了明初人物姓名，因此，目前的裝裱應該是在此稍後時期完成的。值得慶幸的是，這件文物在庋藏於朵雲軒後的六七十年中，没有發生任何霉變或脆裂，尤其是内芯中分段裝裱的所有手寫墨蹟、手繪肖像，均無一散失，基本上保留了最後一次裝裱時的成色和狀態。

本書即以《集珍》卷内收録的各種文獻爲主，對其作者、内容，乃至書寫形式和材料的可信程度或真實性做一考察，名曰『初探』，是基於以下幾方面的考慮。

第一，卷中多件文獻，或爲迄今爲止所首見者，或爲此前雖有典籍刊用，但内容與寫本相比存在不少差异者。前一種情況，以宋代宗室趙汝愚爲高宗紹興間進士汪應辰所作的《端明學士汪公傳》一文爲代表。此文不見於已知文獻，從汪應辰從政寫起，記録其一生中十餘次職務變遷情況，文末給予簡要評價，言簡意賅，幾乎就是後人所撰《宋史》本傳的縮寫。不過，两文相較，孰先孰後，却值得一議。趙汝愚著有《忠定集》十五卷，編纂過《太宗實録舉要》《國朝諸臣奏議》等，但今已無傳，《全宋詩》收録其詩八首。所以，如得以弄清此文的可信程度，既可補趙文之缺，也可找到《宋史·汪應辰傳》的源頭。筆者的這一探

[一] 筆者曾在某國有文物商店見有鎸刻着『疁城黄氏宗祠』字樣的一尊銅爵出售，這就是當年將祠堂建築改爲他用時被收購的。疁城，即今上海市嘉定區的舊稱。此件今藏上海市嘉定博物館。

究是否合理，還可進一步推敲。

後一種情況，可以汪芬的《汪氏族譜序》爲例。此文雖屢屢見於後世汪氏譜書刊録，但各支派所編譜書在刊録時所據版本多所不一，撇開那些無關宏旨的字句差异不論，其分歧最突出者，體現在初唐汪華上表獻譜系以後産生的第二部譜書的成書時間上。《集珍》卷收録的寫本明確記載爲盛唐前期的開元四年（七一六）『成書』，後世也有一些譜書記載爲開元五年，但更有部分後世譜書則記載爲晚唐之初的開成四年（八三九），成書時間相差了一百餘年。如何弄清其中的真相，本書也將進行必要的考察。

第二，如果曾得到了全族公認并代代流傳的歷史的真實性受到質疑，應當如何對待。隋末唐初的汪華，是研究徽州汪氏家族演進歷史時無法回避的最重要的人物，儘管汪華早已被神化了，受封『越國公』之事也屢屢著録於後世各種汪氏譜牒，但近世以來，對其受封的史實却頗有疑問，甚至還有完全予以否定的觀點。《集珍》卷《武德四年硃筆詔書》寫本的面世，爲重新考察這一問題提供了契機。這件寫本作爲有助於厘清這一史實的重要實物，對於徽州汪氏後人來説，意義非同尋常。孰是孰非，本書通過對硃筆詔書可信度的初步探討，從中獲得必要的啓發，可爲進一步深入研究提供參考。

第三，有些事關族人遷居地認定的形式，在《集珍》卷以外的其他同類古文獻中從未出現過。如在産生於明代初年的《汪氏世譜之圖》《婺源縣遷居名族圖》和《祁門縣遷居名族圖》中，凡汪氏族人各支的始祖遷居地名處均鈐有押印，《世譜之圖》有七處，婺源《圖》有『大畈』等地十七處，祁門《圖》的殘存部分有『井亭』等九處。木印的印文因顔色溢化，加之年代久遠，已經模糊難辨，但其作用，却應該與遷居人、遷居地的確認與否密切相關；從現代觀念看，就相當於家族内部對遷居情况的一種認定形式。但是，這種現象在迄今面世的各種譜牒文獻中均未發現過，這到底是汪氏一族的獨特方式，還是當時在某一地區，或在更大範圍内普遍採用的通行慣例，很值得謹慎考訂。

第四，寫本文獻的書蹟狀態與同時代書法風格問題。《集珍》卷收録的文獻除了兩件手繪肖像外，其餘均爲手寫書蹟，其涉及的朝代自初唐到明初。在這個長達七八百年的時段中，書法藝術發展迅速，其風格的多樣性更融入了日常書寫習慣中，對此，有必要選擇其中一些有代表性的案例，特別是并未見於傳統書法史記載的人物的墨蹟，作一具體考察和分析，憑藉這些實物，可以豐富今人對當時社會書寫風氣的認知。

第五，從初唐到明初，也是中國傳統的造紙技術由基本成熟到規模迅速擴大、産量逐漸上升的重要階段。爲此，通過考察實物來瞭解《集珍》卷手寫文獻的紙張材料和成品再加工技術，也成爲本書需要面對的一個重要方面。當然，這方面的考察雖未必對論證那些手寫文獻的真實性産生直接的幫助，但顯然將有助於今人對古代紙張質地、樣式的直觀了解。

對於去今已遠的古代文獻、文物的研究，非一人一時所能爲，也不是僅憑單一有限的經驗或目測眼觀即可遽斷，而是需要以客觀的立場、嚴謹的態度、科學的方法，加以多角度的綜合考察，纔有可能逐步接近事實真相，最終破解其中的奥秘。對《集珍》卷是如此，對其他以往認知甚少的文物，更是如此。本書的研究及其觀點，僅爲一己之見，尚祈方家法正。

承載　癸卯重陽於海上惜夕齋

上編　圖版

統宗世譜圖、遷居圖各一件
帝王敕命四件
譜牒序跋四篇
人物傳略三篇
題辭、贊辭、贊詩五篇
佚名手繪汪氏族人肖像兩件

《新安汪氏文獻集珍》卷全圖

手寫紙本十八件，手繪絹本、紙本各一件。全卷高四一厘米，通長約一五〇〇厘米。全卷無包首、題籤、題辭、跋文。現存引首、拖尾均爲空白。卷中各件文獻、肖像尺寸不一。其中數件有後人收藏印（詳見各件簡介）。

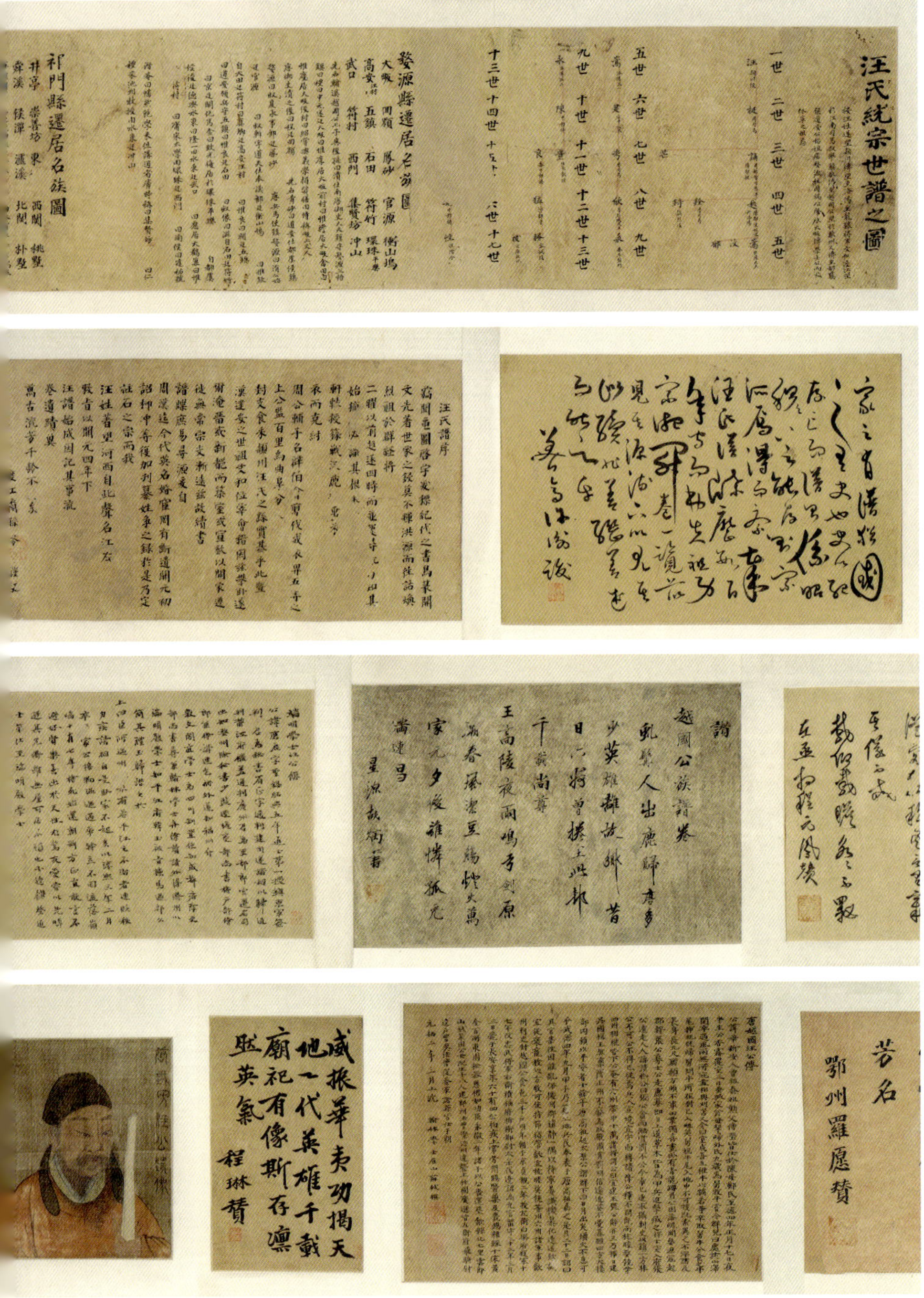

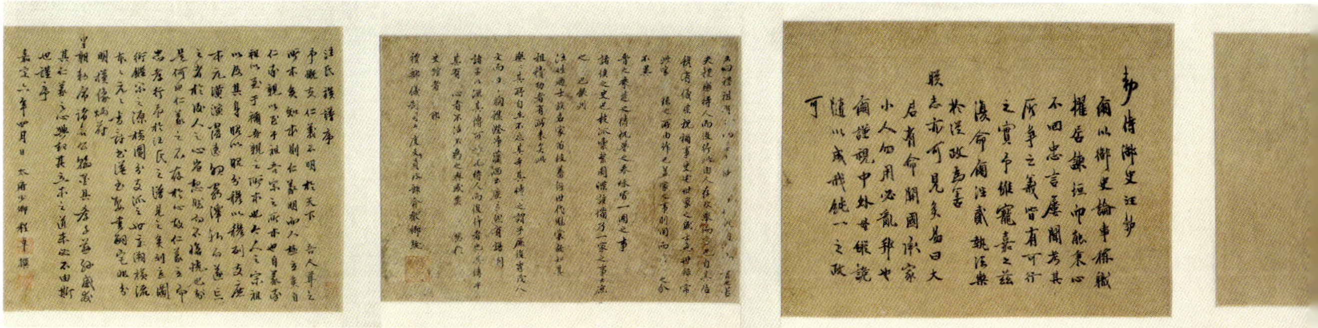

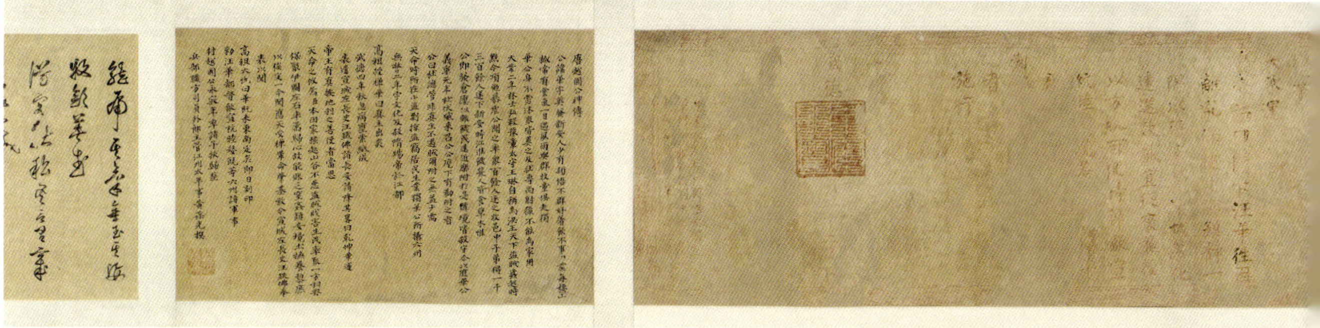

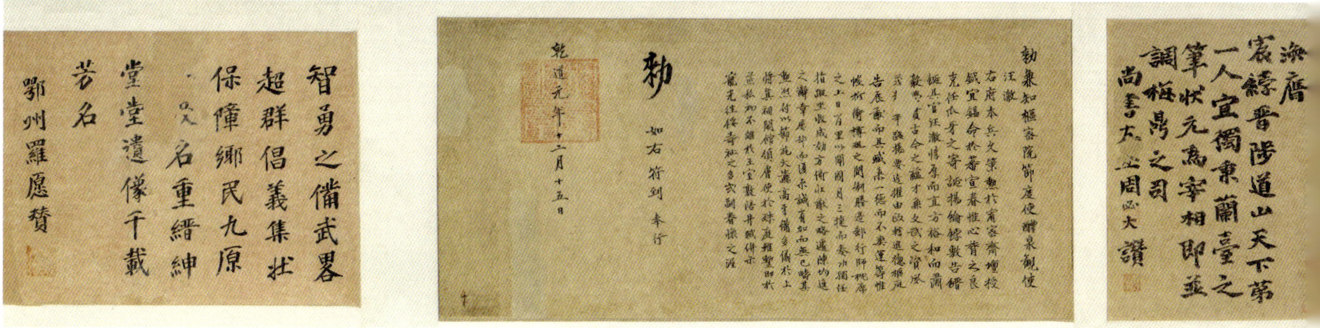
智勇之備武畧
超群倡義集壯
保障鄉民九原
名重縉紳
堂堂遺像千載
芳名
鄂州羅愿贊
敕
如右符到奉行
乾道元年十二月十五日

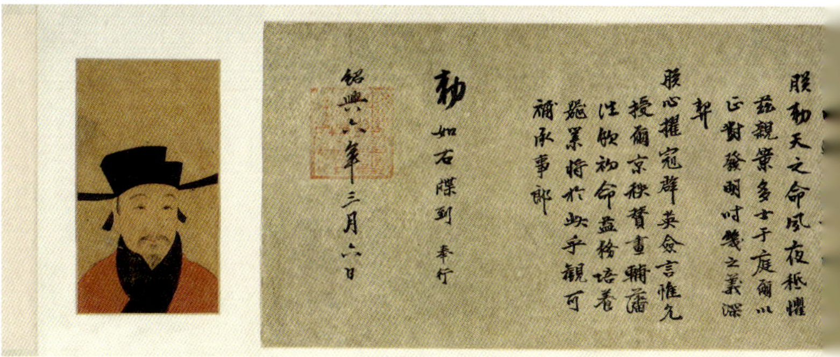
敕
如右牒到奉行
紹興六年三月六日

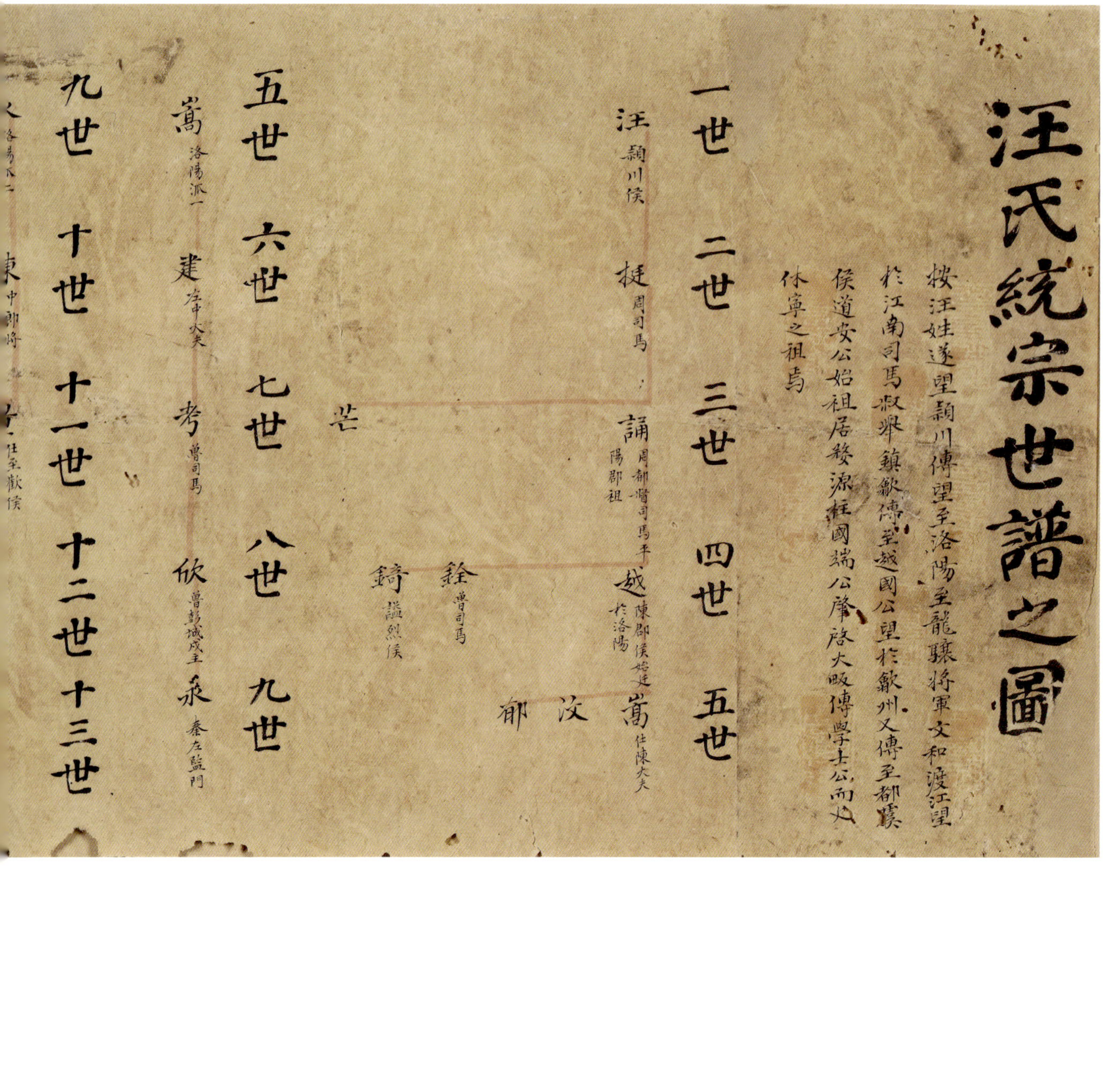

一、[明]《汪氏統宗世譜之圖》（殘）

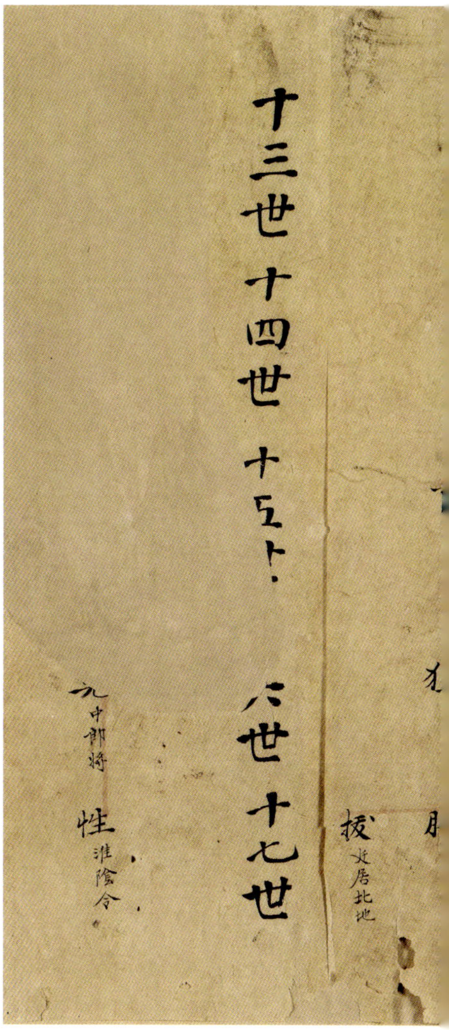

手寫楷書，紙本。縱三三·七厘米，今存部分橫六四厘米。

【釋文】汪氏統宗世譜之圖　按，汪姓遂望潁川，傳望至洛陽，至龍驤將軍文和渡江，望於江南。司馬叔舉鎮歙，傳至越國公，望於歙州。又傳至都虞侯道安公，始祖居婺源。柱國端公肇啓大畈，傳學士公而遷休寧之祖焉。（世系略）

『世系』的『十七世』以後已殘缺，標題最後一字略損。

世系前的小序，概述汪姓由來和沿革，分別在『汪姓遂望』『傳望至洛（陽）』『文和渡江』『叔舉鎮歙』『（越國）公望於歙』『傳學士公』『休寧之祖』七處鈐有朱紅押印，印色今已變淡，押印上的圖案模糊不辨。世系內容以朱紅直綫標示各世子嗣，自『一世』而至『十七世』，以下殘缺；其中，十四、十五、十六等世的人名均缺，十七世存一人。此件後半段記載究竟止於哪一世，已無從得知。

據學術界對『統宗』這一概念的來源和沿革情況的研究，一般認爲，大致上是明代前中期開始纔用於民間的譜牒文獻中，其意義誠如明代嘉靖間的學者鄭佐在《新安名族志序》所說，『族之大衍於世也，世之遠延於賢也，尚世以統宗，尚賢以延世，二者古今蓋莫之能違也』[一]。由此看來，《集珍》卷以『世譜之圖』爲起首，即是爲了引出族中先賢的彪炳業績；而對先賢的褒揚，則是汪氏一族賴以代代相襲、世世傳承的精神支柱。

[一]（明）戴廷明、程尚寬等編纂，朱萬曙等點校《新安名族志》，黃山書社二〇〇七年版，『序』第一頁。

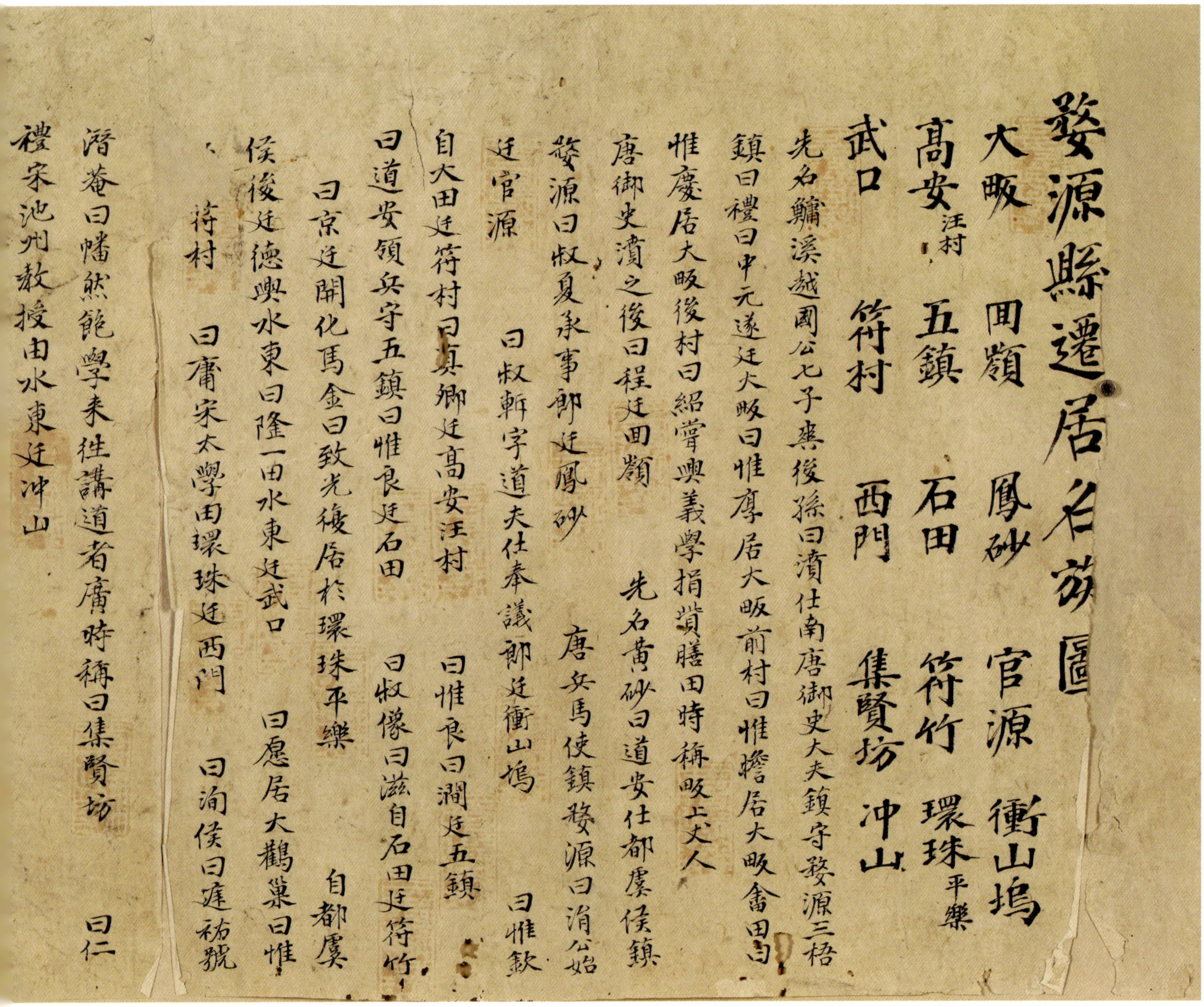

手寫、紙本。縱三三・七厘米，今存部分橫六七厘米。

【釋文】婺源縣遷居名族圖　大畈　回嶺　鳳砂　官源　衝山塢　高安（汪村）五鎮　石田　符竹　環珠（平樂）武口　符村　西門　集賢坊　冲山

先名鱅溪（押印），越國公七子爽後孫曰瀆，仕南唐御史大夫，鎮守婺源三梧鎮。曰禮、曰中元，遂遷大畈。曰惟厚，居大畈前村；曰惟瞻，居大畈畲田；曰惟慶，居大畈後村；曰紹，嘗興義學，捐貲膳田，時稱『畈上丈人』（押印）。　唐御史瀆之後曰程，遷回嶺（押印）。　先名黄砂。曰道安，仕都虞侯，鎮婺源。曰叔夏，承事郎，遷鳳砂（押印）。　唐兵馬使鎮婺源，曰涓公，始遷官源（押印）。　曰叔斬字道夫，仕奉議郎，遷衝山塢（押印）。曰

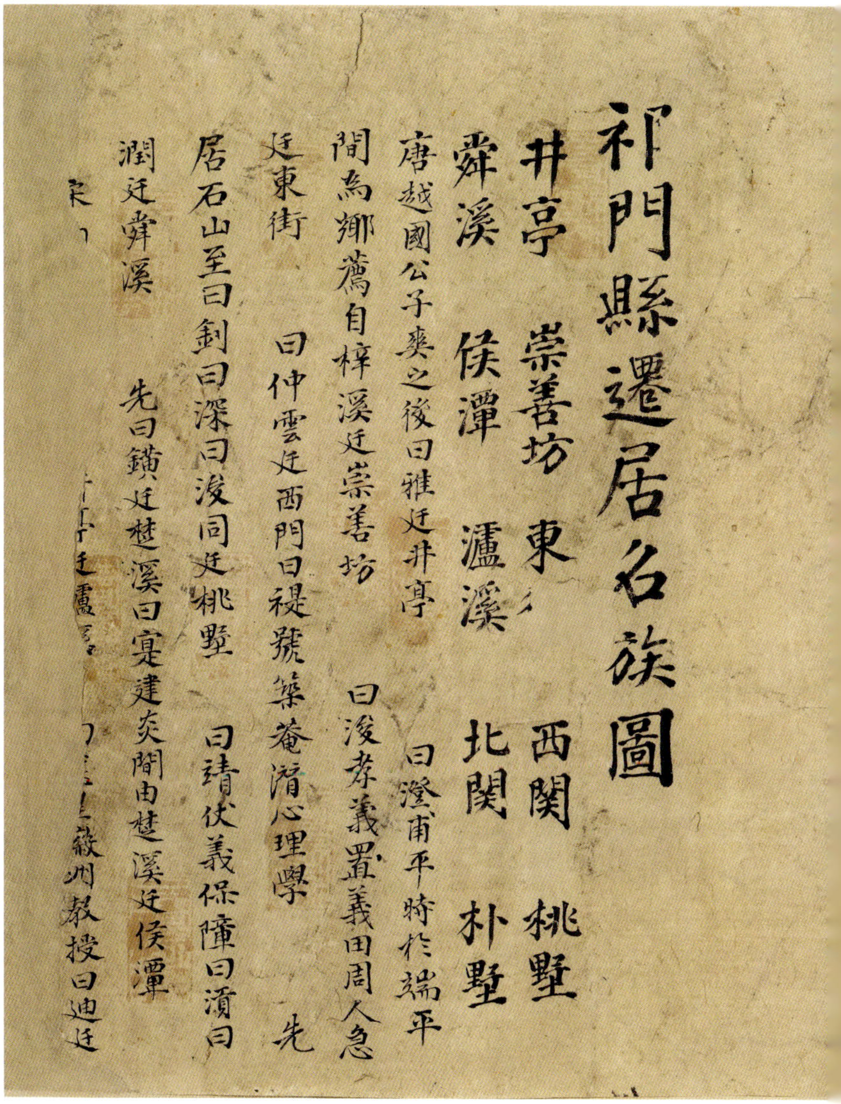
祁門縣遷居名族圖
井亭　崇善坊　東　西関　桃墅
舜溪　侯潭　瀘溪　北関　朴墅
唐越國公子爽之後曰雅迁井亭　曰澄甫平猗於端平
間為鄉薦自梓溪迁崇善坊　曰浚孝義置義田周人急
迁東街　曰仲雲迁西門曰禔號築菴潜心理學　先
居石山至曰釗曰深曰浚同迁桃墅　曰靖伏義保障曰濆曰
潤迁舜溪　先曰鐄迁楚溪曰寔建炎閒由楚溪迁侯潭
宋　迁瀘溪　徽州教授曰迪迁

二、［明］《婺源縣遷居名族圖》

《祁門縣遷居名族圖》（殘）

惟欽，自大田遷符村；曰真卿，遷高安汪村（押印）。曰惟良、曰淵，遷五鎮（押印）。曰道安，領兵守五鎮；曰惟良，遷石田（押印）。曰叔豫、曰滋，自石田遷符竹（押印）。曰京，遷開化馬金；曰致光，復居於環珠平樂（押印）。自都虞侯後遷德興水東，曰隆一，田［由］水東遷武口（押印）。曰愿，居大鵲巢；曰惟□□符村（押印）。曰庸，宋太學，田［由］環珠遷西門（押印）。曰洵侯，曰庭祐、號潛庵，曰幡然，飽學，來往講道者廣，時稱曰集賢坊（押印）。曰仁禮，宋池州教授，由水東遷冲山（押印）。

祁門縣遷居名族圖　井亭（押印）　崇善坊　東□西關　桃墅　舜溪　侯潭　瀘溪　北關　朴墅

唐越國公子爽之後曰雅，遷井亭（押印）。

曰澄甫，平特，於端平間爲鄉薦，自梓溪遷崇善坊（押印）。曰浚，孝義，置義田周人急，遷東街（押印）。曰仲雲，遷西門；曰提，號築庵，潛心理學（押印）。先居石山，至曰釗、曰深、曰浚，同遷桃墅（押印）。曰靖，仗義保障；曰濆、曰潤，遷舜溪（押印）。先曰鐄，遷楚溪；曰寔，建炎間由楚溪遷侯潭（押印）。（殘缺）宋□□□□□□□亭遷瀘溪（押印）。□□□□□徽州教授曰迪，遷（以下殘缺）

以上兩段記載，『婺源』部分應該是完整的，其遷居記録截止於宋建炎時期（一一二七—一一三〇）；『祁門』部分後半段已殘，截止時期不詳。由於今存二圖書於一紙，故殘缺部分中是否還記載了其他分支的遷居情況，今已不詳。

與《汪氏統宗世譜之圖》在文字上加蓋押印的情況相同，此二圖所述遷居地名均有押印，圖案相同，亦已模糊不辨。這一情況，在今存的古代家族文獻中爲僅見，[一]也未見後人研究古代家族文獻的論著中有所提及。據推測，其作用應該與屬地確認和防止作僞有關。如後世譜牒編定刊行時，往往按《千字文》句編出字號，同時特別注明，『編定字號，收執宗譜。如無此字號者，即係僞譜，日後毋許混入宗派』[二]，以此交各分支收領。

關於此件的具體情況，詳見下編·一的討論。

[一] 如美國紐約大都會藝術博物館的《新安汪氏譜牒》卷。由二十四件不同内容和形式的家族文獻組成，包括引首題辭、題語、名人序跋贊文、汪氏族譜之圖等二十三件手寫文獻和一件手繪的汪華肖像。藏品來自A.W.BAHR的購買，一九四七年由弗萊徹基金會提供，藏品編號四七一八九二。館方對這件藏品的資訊爲分件著録，全卷尺寸不詳。卷末所附的《汪氏族譜之圖》（殘）中，即無押印情況。

[二] 《繁陽汪氏宗譜》卷一『字號』第一葉A，光緒二十六年（一九〇〇）重刊本。上海圖書館藏，編號九二八〇九五。這套宗譜爲『東字號』，由『邦三房道充收執』。

7 9 5 8 8 8 8 8 8 6

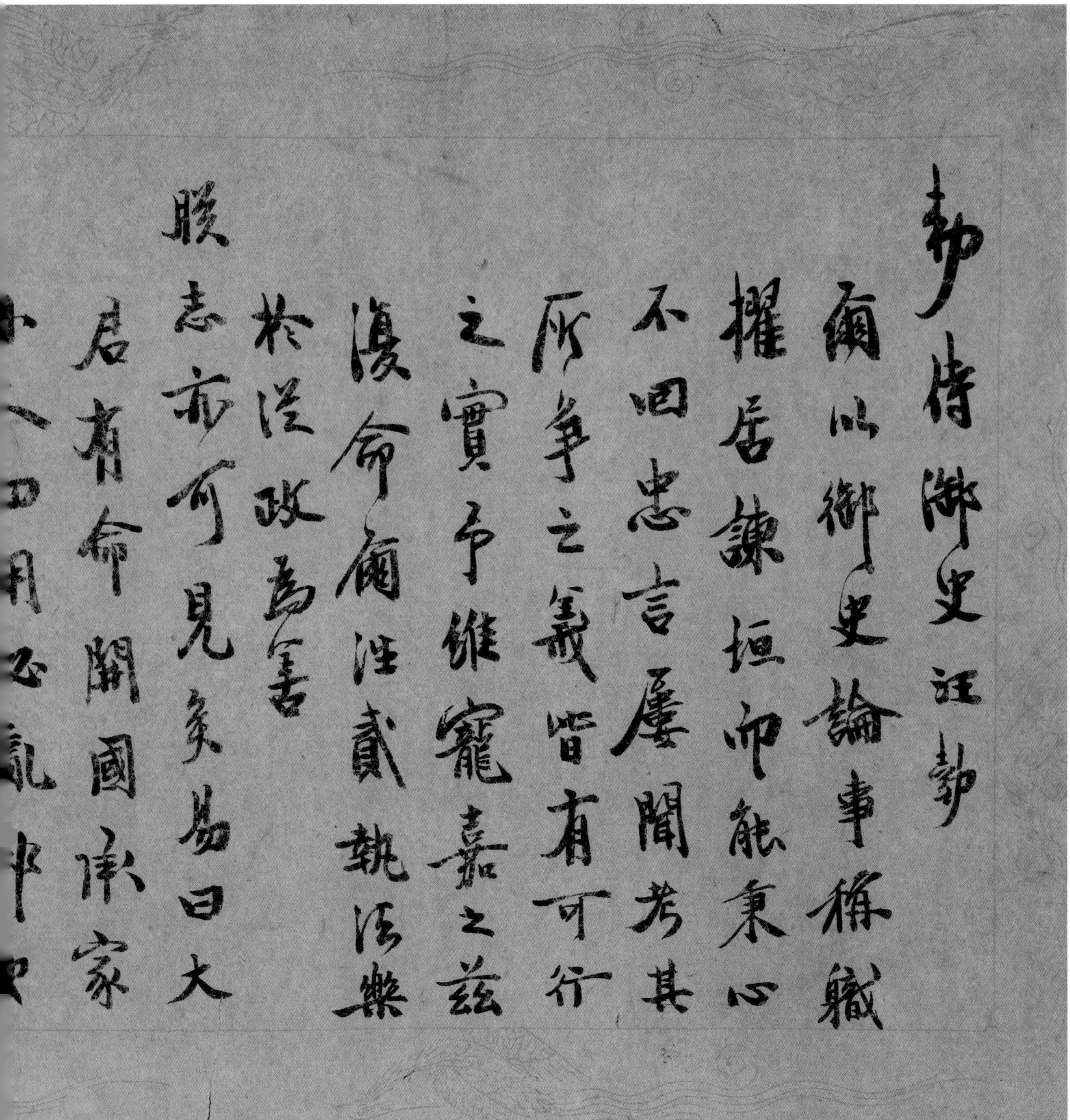
勅侍御史汪勃
爾以御史論事稱職
擢居諫垣而能秉心
不回忠言屢聞考其
所爭之義皆有可行
之實予維寵嘉之茲
復命爾往貳執法樂
於從政爲善
朕志亦可見矣易曰大
君有命開國承家
小人勿用必亂邦也

三、[宋] 高宗《敕侍御史汪勃》（殘）

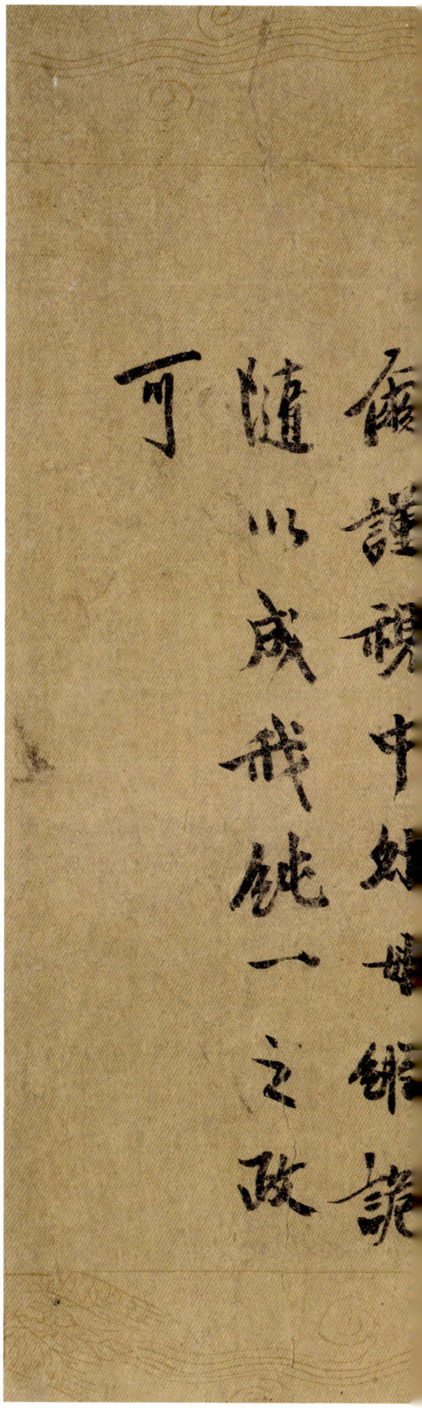

手寫行書，紙本。縱三六·三厘米，橫四九·八厘米。

【釋文】敕侍御史汪勃　爾以御史論事稱職，擢居諫垣，而能秉心不回，忠言屢聞。考其所爭之義，皆有可行之實，予維寵嘉之。茲復命爾往貳執法，樂於從政爲善。朕志亦可見矣。《易》曰『大君有命，開國承家』，『小人勿用，必亂邦也』。爾謹視中外，毋縱詭隨，以成我純一之政。可。（以下殘缺）

現存行書十四行，連標題共一百零一字。上下及右側邊框內有泥金手繪鳳紋圖案，左半段上應有年號、鈐印等，恐已殘缺。由此推測，或是原件殘損後，在裝裱成卷時經裁切修整，保留了未損的右半段。

汪勃（一〇八八—一一七一），字彦及，生卒年不詳，安徽黟縣人。宋高宗紹興二年（一一三二）進士，調嚴州建德縣主簿，歷官御史中丞、簽書樞密院，紹興十八年（一一四八）二月兼參知政事，封新安郡侯。時秦檜擅權，朝野多有不滿，汪勃亦始終不爲其用，與秦檜保持距離，檜懷恨在心，伺機報復，導致汪勃仕途受挫，同年八月即罷，後以端明殿學士致仕。秦檜死後，孝宗下詔，恢復汪勃入龍圖閣，贈銀青光禄大夫。汪勃的長子作礪，以蔭補官至湖北提刑。其孫有三人，分別爲義和、義榮、義端，先後中進士，家族因以興盛。

《敕侍御史汪勃》上、下、右邊框內的泥金手繪鳳形圖案（局部放大）

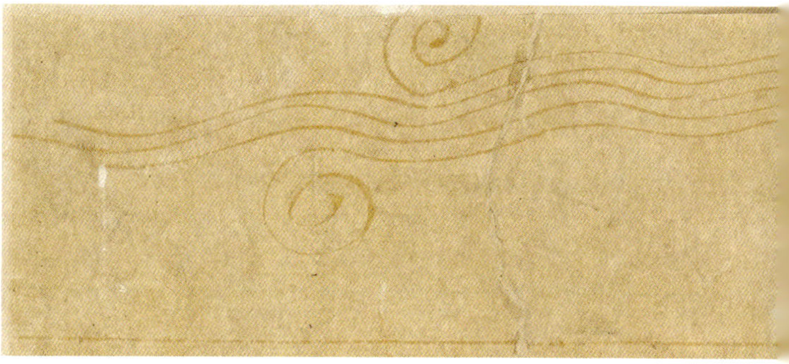

7(+)　20　19　17　2　16　20　4　18　9　20　14　17　4

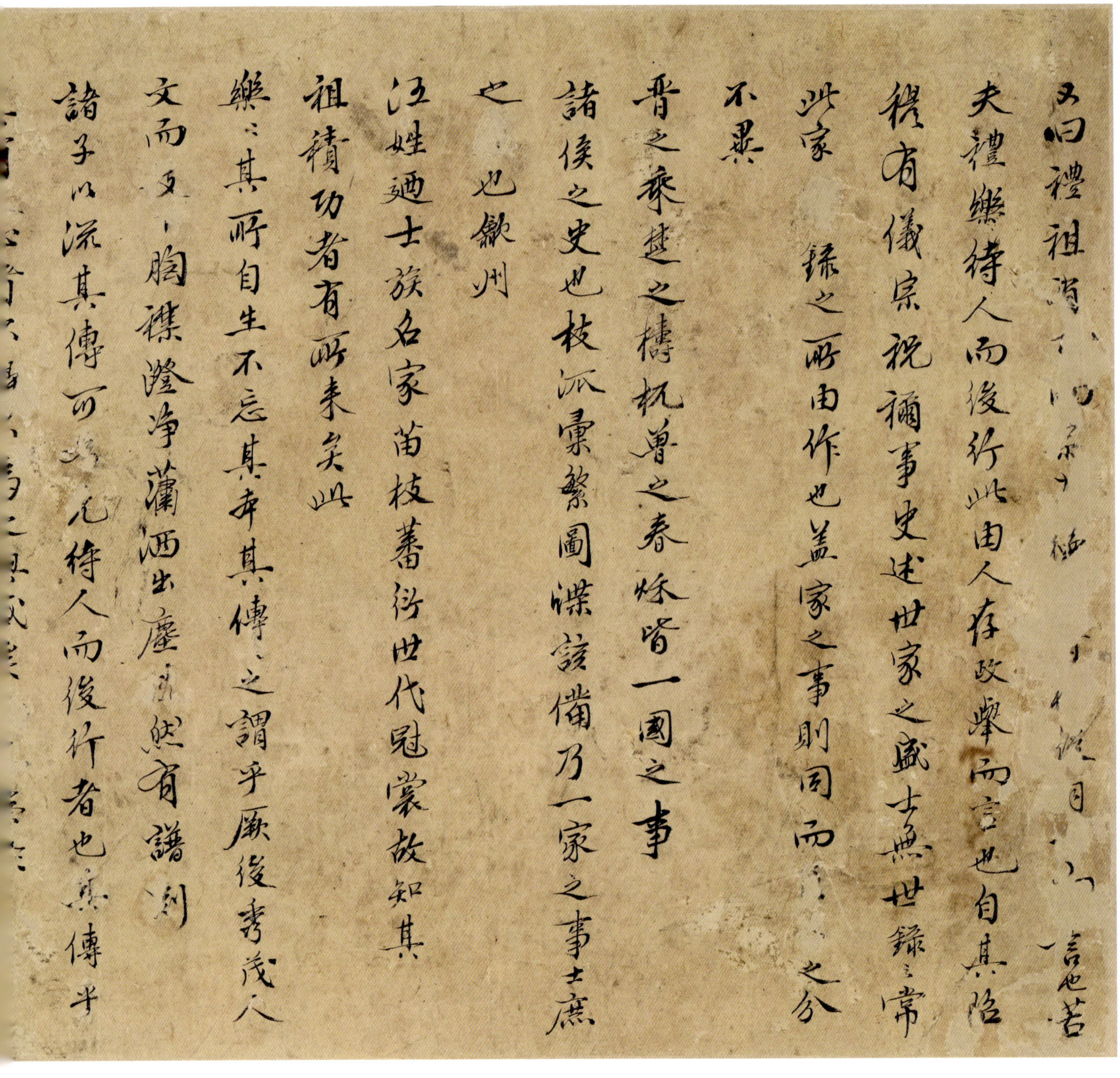
又曰禮祖[illegible]言也若
夫禮樂待人而後行此由人存政舉而言也自其路
稽有儀宗祝補事史述世家之盛士無世錄錄常
此家錄之所由作也蓋家之事則同而[illegible]之分
不異
晉之乘楚之檮杌魯之春秋皆一國之事
諸侯之史也枝派彙繫圖諜該備乃一家之事士庶
之也歟州
汪姓迺士族名家苗枝蕃衍世代冠裳故知其
祖積功者有所來矣此
樂樂其所自生不忘其本其傳傳之謂乎厥後秀茂人
文而又又胸襟澄淨瀟洒出塵塵然有譜測
諸子以派其傳可[illegible]凡待人而後行者也其傳半

四、［宋］俞獻卿跋（殘）

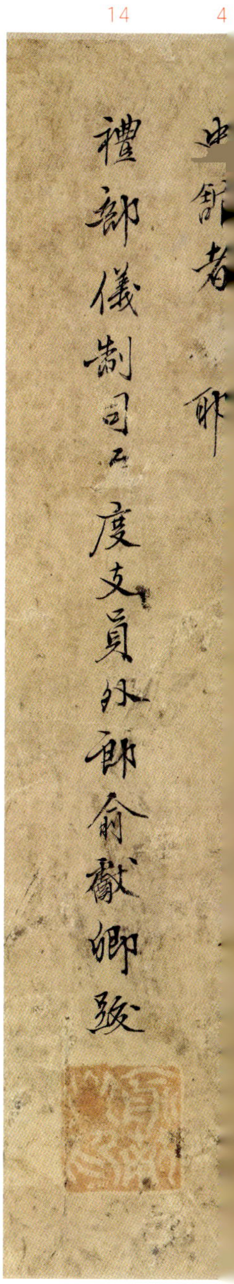

手寫，紙本。現存部分縱三二·八厘米，橫四五厘米。

【釋文】（以上殘缺）又曰，禮祖（以下殘缺約十三字）言也。若夫禮樂待人而後行，此由人存政舉而言也。自其昭穆有儀，宗祝禰事史述世家之盛。士無世録之常，此家□録之所由作也。蓋家之事則同而□□之分不异。晉之《乘》，楚之《檮杌》，魯之《春秋》，皆一國之事，諸侯之史也。枝派彙繫，圖牒該備，乃一家之事，士庶之□也。歙州汪姓，乃士族名家，苗枝蕃衍，世代冠裳，故知其祖積功者有所來矣。此樂樂其所自生，不忘其本，其傳之謂乎？厥後，秀茂人文而支□胸雜澄凈，瀟灑出塵，□然有譜，□諸子以流其傳可□□待人而後行者也。其傳乎？其有□心者不得不爲之興感矣。□□榮於□□□史館者□耶！禮部儀制司□度支員外郎俞獻卿跋（鈐印）。

此件前半段已經殘缺，故標題不得而知。自『又曰禮祖』起，至全文結束，連款識共小行書十六行，約存二百二十字。款署『禮部儀制司□度支員外郎俞獻卿跋』，下鈐『俞獻卿印』白文方印。

俞獻卿，字諫臣，徽州歙縣人，生卒年不詳。宋真宗咸平二年（九九九）進士，初授安豐縣尉，後調昭州軍事推官，繼改大理寺丞，再遷太常博士，任南雄、潮州知州。宋仁宗時整治淮浙鹽税，歲增甚鉅；陝西兵食不足，俞獻卿奉命出任轉運使，又上奏言邊防策略，皆稱旨。遂任福建轉運使，累遷尚書刑部郎中，歷户部、度支、鹽鐵副使，以右諫議大夫、集賢院學士，出任杭州知府。在杭州任上，主持開鑿西山，築堤數十里遏止洪水，獲得了百姓的稱道，晚年以刑部侍郎致仕。俞氏從政期間，由縣尉起步，幾經歷練，精於税法，善於理財，逐漸成爲宋真宗、仁宗兩朝重臣，深受器重。

俞獻卿無文集傳世，此文亦未見他書著録，從行文中提到的汪氏家族沿革等内容來看，應是爲汪氏家族的某份文獻所寫的跋文。關於此件的具體討論，詳見《下編·三》。

汪氏族譜序

予慨夫仁義不明於天下，吾人莫之所本，多知本則仁義明而人極立矣。自仁率親以至于祖，吾宗之所本也。自義率祖以至於禰，吾親之所本也。大人之宗祖以及其身，昭以昭分，穆以穆，別支庶之元，溯演僾遠，細蒙澤軒白遂臣之者，於吸人之心者，慙忸而不臨，曉也。豈是何如仁義之不存於故仁義之忠者行也？於汪氏之譜見之矣，列立圖衍體宗之源，橫圓分支，派如宣瀚橫流，在之元之書詳，宛宅此分，周炎蒙為子

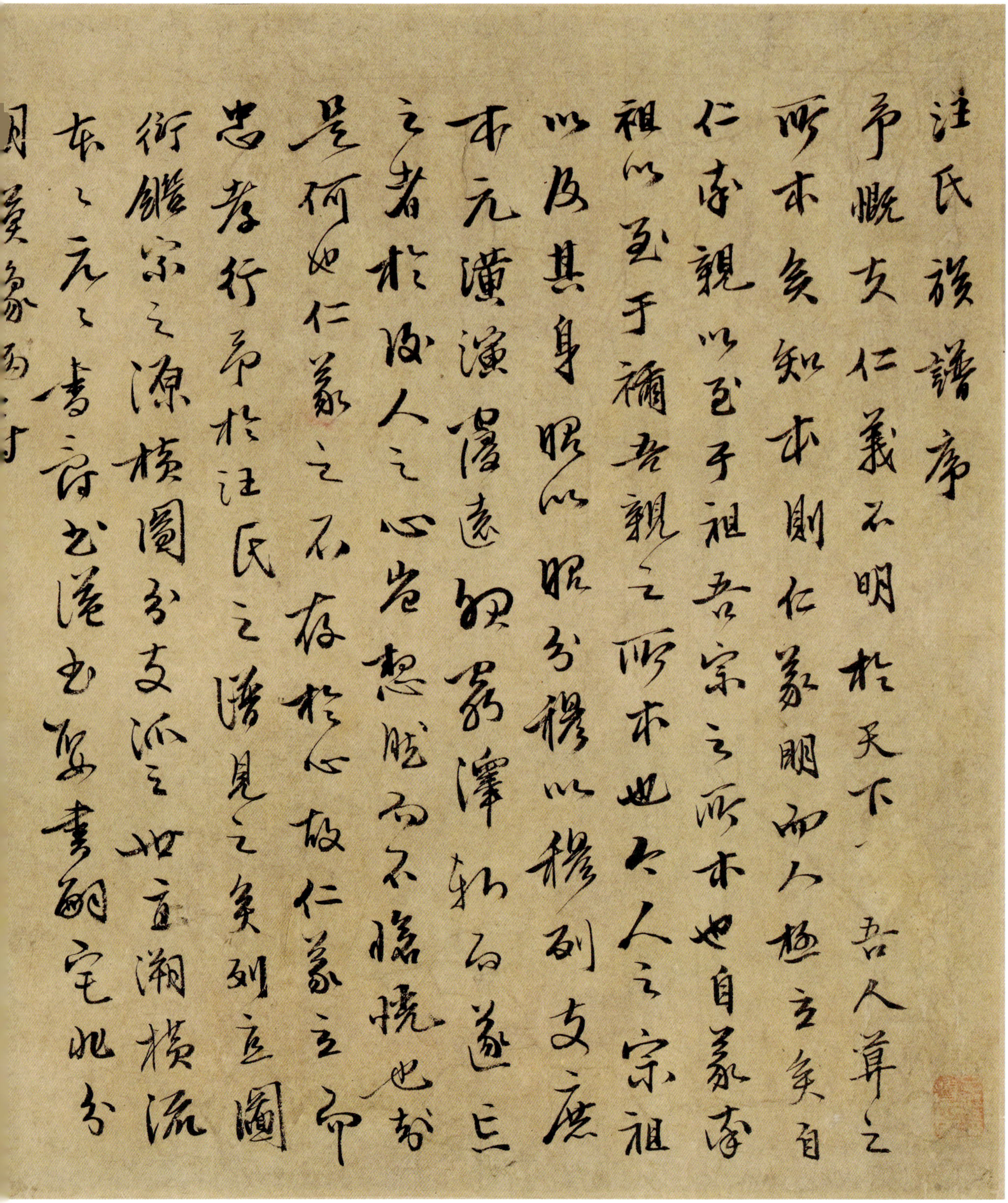

五、[宋] 程卓《汪氏族譜序》

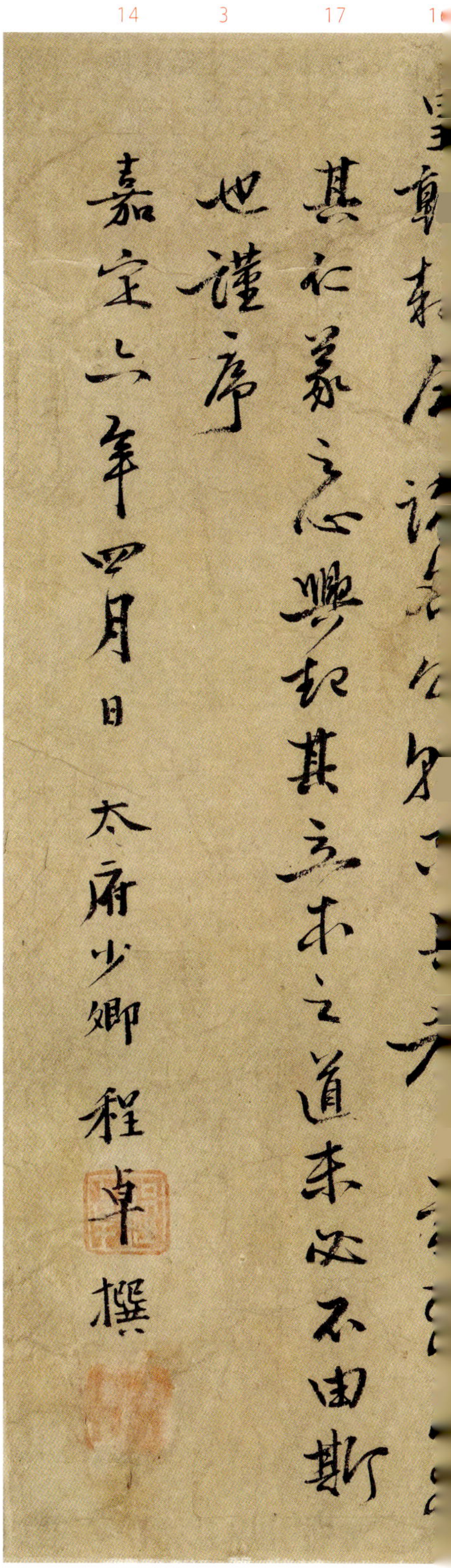

手寫，紙本。縱三五·四厘米，橫四五·四厘米。

【釋文】汪氏族譜序　予慨夫仁義不明於天下□，吾人莫之所本矣；知本則仁義明，而人極立矣。自仁率親以至於祖，吾宗之所本也；自義率祖以至於禰，吾親之所本也。今人之宗祖以及其身，昭以昭分，穆以穆列，支庶本元，潢演寢遠，服窮澤斬而遂忘之者，於後人之心，豈恝然而不愴怳也。知是何也？仁義之不存於心，故仁義立而忠孝行。予於汪氏之譜見之矣。列直圖衍繼宗之源，横圖分支派之世，直溯横流，本本元元，書爵書謚，書娶書嗣，宅兆分明，模像炳符。皇朝敕命，諸名公翰墨，具孝子燕孫，感發其仁義之心。興起其立本之道，未必不由斯也。謹序。　嘉定六年四月日。太府少卿程卓（鈐印）撰（鈐印）。

此件保存基本完好，個別字缺損，今存小行草書十六行二百二十五字。款署『嘉定六年四月日太府少卿程卓撰』，鈐二印，一爲『程卓』白文方印，另一印模糊不辨。

程卓（一一五三—一二二三），字從元，徽州休寧人。程大昌從子。宋孝宗淳熙十一年（一一八四）進士。歷官同知樞密院事，封新安郡侯，卒後謚正惠。宋寧宗嘉定四年（一二一一），以刑部員外郎同趙師岩充賀金國正旦國信使，往返歷經四個月，後著有《使金録》一卷，記沿途所見山川、古蹟及民間傳聞之類，如當時廣爲流傳的宋高宗泥馬渡江一説，即出此書，但全書隻字未涉作爲南宋朝廷使者在金國的各項事務。《使金録》一書收入《四庫全書》時，提要中説此書爲『當時臣子之言，未足據也』。

8 8 7 7 6 8 7 7 6

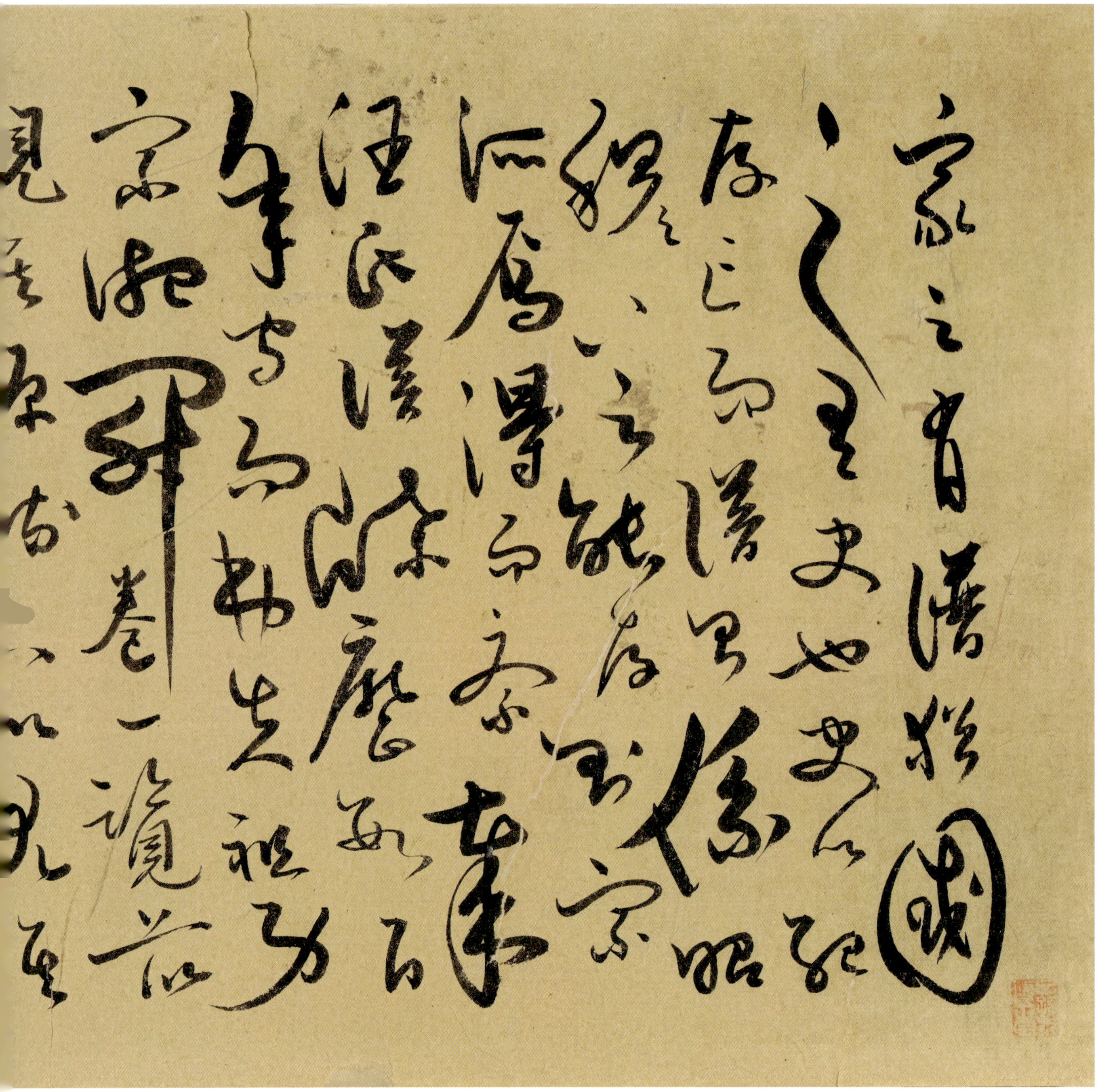

5　4　7

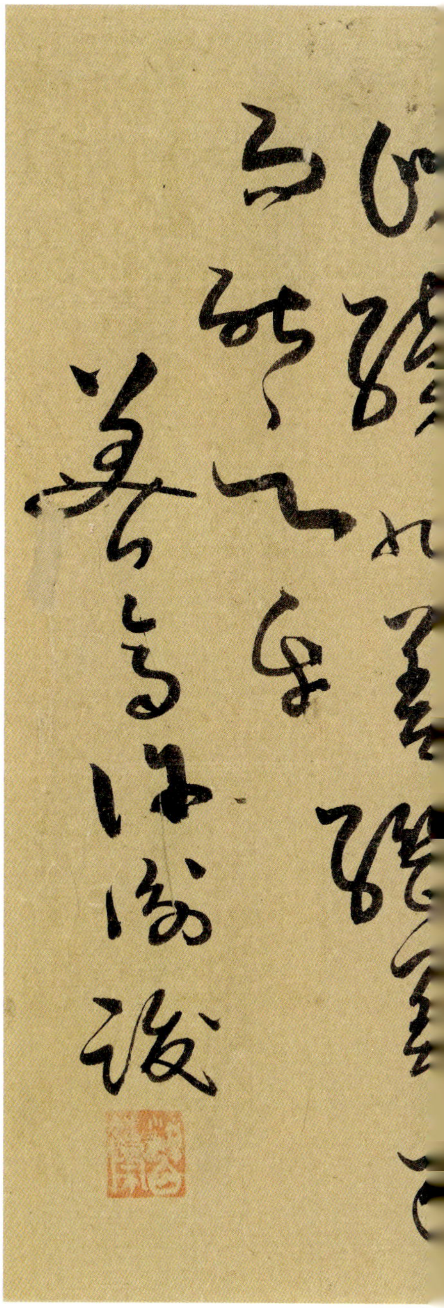

手寫，紙本。縱三五·二厘米，橫五二·八厘米。

【釋文】家之有譜，猶國之有史也。史以紀存亡而譜則係昭穆。昭穆之能存，則宗派焉得而紊。奉汪氏譜牒，歷數百年守而弗失，祖功宗德，開卷一覽，上以見其源流，下以見其似續，非善繼善述而能之乎？　魯齋許衡跋（鈐印）。

此件文字無缺損，計爲草書十二行，八十字，款識無紀年，署『魯齋許衡跋』，下鈐『魯齋』白文方印；右下角有押角印『子孫永傳之寶』白文方印。

許衡（一二〇九—一二八一），字仲平，號魯齋。世稱『魯齋先生』。懷州河內（今河南沁陽）人，宋末元初著名學者。青年時師從著名儒生姚樞等人學習程朱理學，元憲宗四年（一二五四），應忽必烈召，入朝任京兆府提學、國子監祭酒，掌管元朝教育事務。元世祖至元二年（一二六五），升任議事中書省，上書提倡『行漢法』，對改變元朝文化風氣有所幫助。此後又主持了議定朝儀、官制事務，并先後升任中書左丞領太史院事，與郭守敬等人製儀象圭表，編《授時曆》。年老致仕，年七十三卒，謚號『文正』。元仁宗皇慶二年（一三一三），詔准從祭孔廟。著有《讀易私言》《魯齋遺書》。

此文見於近人汪伯騫主持編修的民國十五年《蘇州汪氏族譜》卷一首頁，係行楷體版刻書蹟，題爲《汪氏族譜跋》，其中『祖功宗德』一句，作『祖功宗德』，文末則多一句『書此以爲萬世勉云』作結。關於此件的具體分析，詳見《下編·三》。

12 6 16 16 8 11 16 17 15 9 16 4 9(+) 6(+) 16 6 16 15 4

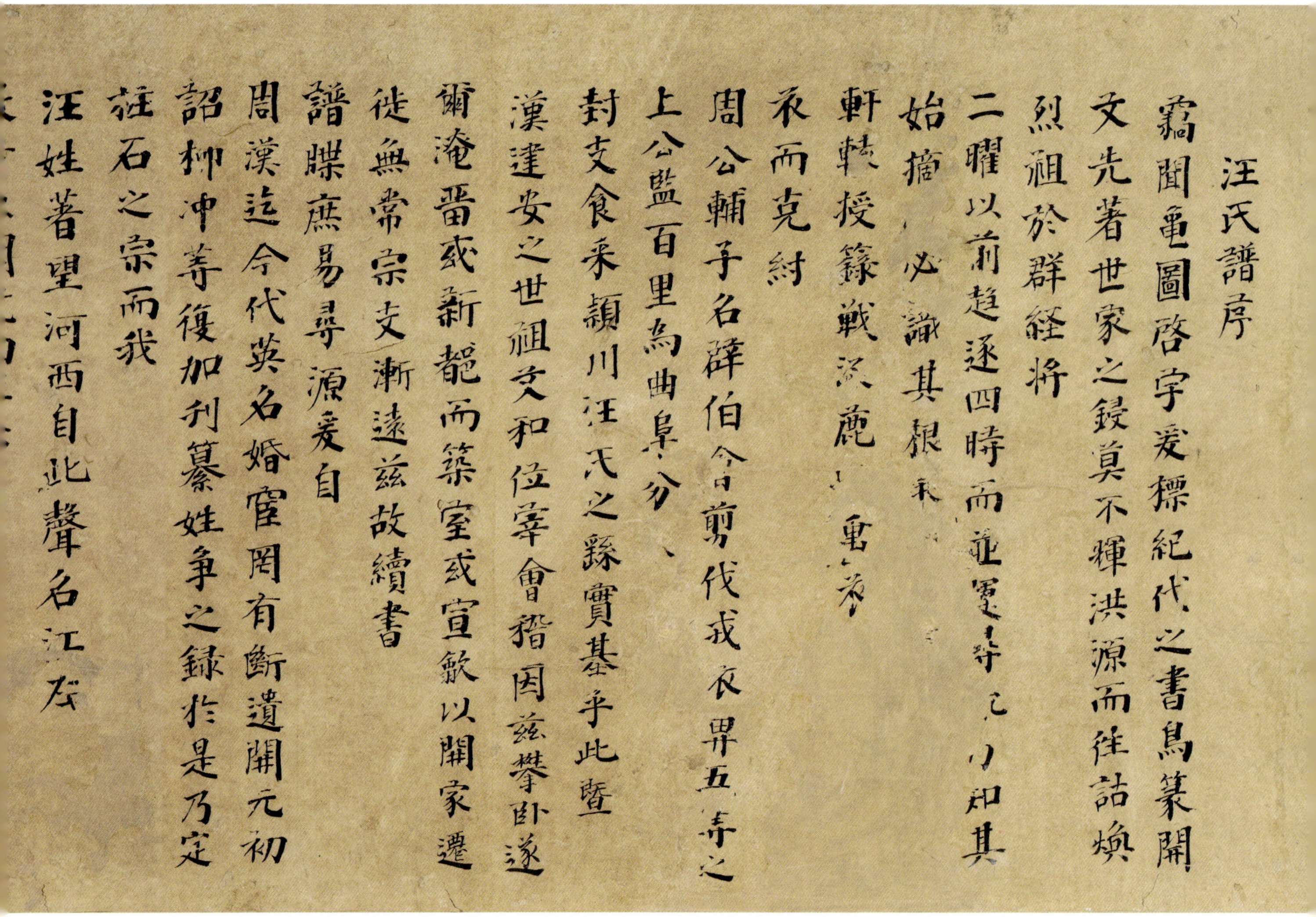
汪氏譜序
竊聞龜圖啓字爰標紀代之書鳥篆開
文先著世家之錄莫不輝洪源而往詁煥
烈祖於群経將
二曜以前超遂四時而並還奇乙小知其
始摘必識其根本
軒轅授籙戰涿鹿重於
衣而克紂
周公輔子名辟伯令翦伐戎衣畀五壽之
上公監百里爲曲阜分、
封支食采潁川汪氏之縣實基乎此暨
漢達安之世祖文和位宰會稽因茲攀卧遂
爾淹晉或新龍而築室或宣歙以開家遷
徙無常宗支漸遠茲故續書
譜牒庶易尋源爰自
周漢迄今代英名婚宦罔有斷遺開元初
詔抑沖等復加刊纂姓爭之錄於是乃定
社石之宗而我
汪姓著望河西自此聲名江左

七、[唐] 汪芬《汪氏譜序》

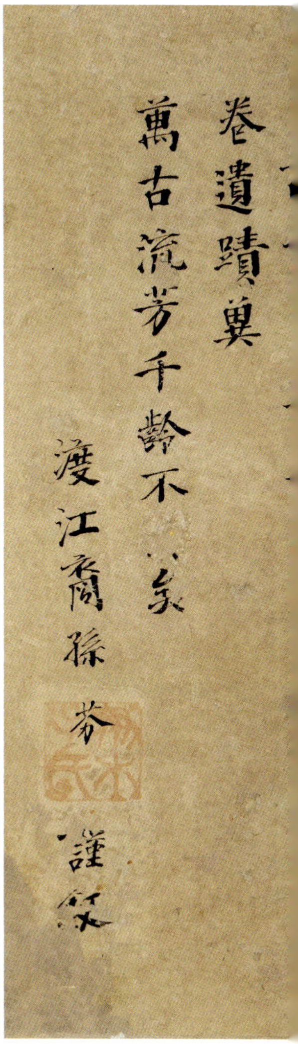

手寫，紙本。縱三三·七厘米，橫六三·二厘米。

【釋文】汪氏譜序　竊聞龜圖啓宇，爰標紀代之書；鳥篆開文，先著世家之錄。莫不輝洪源而往詁，焕烈祖於群經。將二曜以前趨，逐四時而并運；尋流乃知其始，摘□必識其根，□□□□□□□（厥緒粲然可得詳）。軒轅授籙，戰涿鹿□垂裳；□□□□□□□□□□衣而克紂。周公輔子名辟，伯禽剪伐戎衣，畀五等之上公，監百里爲曲阜，分□□□□□□□封支食采潁川，汪氏之繇，實基乎此。暨漢建安之世，祖文和位宰會稽，因兹攀卧，遂爾淹留，或新都而築室，或宣歙以開家，遷徙無常，宗支漸遠。兹故續書譜牒，庶易尋源，爰自周漢，迄今代英名，婚宦罔有斷遺。開元初，詔柳冲等復加刊纂姓爭之録，於是乃定柱石之宗。而我汪姓著望河西，自此聲名江左。敕旨以開元四年下，汪譜始成。因記其事，流卷遺蹟，冀萬古流芳，千齡不□矣。　渡江裔孫芬（鈐印）謹叙。

此件部分文字缺損，今存楷書二十四行，約二百五十字，款識無紀年，署『渡江裔孫芬謹叙』，『芬』字上鈐『棻子氏』朱文方印。

汪芬，生卒年不詳，徽州歙縣人。汪氏南遷後的第十九世孫。有汪氏文獻據其序文後的署款認爲，若依譜系世次，他應該是汪氏第五十世孫，譜名文秀，字焕章，晚年出任過績溪縣令。但是也有文獻在著録這篇序文時，寫明他只是一位『處士』『鄉進士』，意思就是既無科舉功名，也没有做過官。汪芬的這些經歷，其實都因爲年代久遠，史料缺失，已經很難確切考訂，但他仍不失爲汪氏家族譜牒史上的一位重要人物。唐代開元初年確認成書的『汪氏族譜』，與他有密切關係，由他撰寫的譜序，成爲迄今所知最可靠的汪氏早期文獻之一，被徽州汪氏後世族人的各時期各支派譜牒廣泛沿用，翻檢今存數量衆多的明以來的汪氏譜書，幾乎都將此文置於各種舊序之首。關於此件内容的具體分析，詳見《下編·一》。

汪氏譜序

竊聞龜圖啓宇爰標紀代之書鳥篆開
文先著世家之録莫不輝洪源而往詰煥
烈祖於群経将
二曜以前趍逐四時而並運[illegible]知其
始摘必識其根本
軒轅授籙戰涿鹿之[illegible]重黎
衣而克紂
周公輔子名辟伯今日剪伐戎衣畢五壽之
上公監百里爲曲阜分、
封支食采潁川汪氏之繇實基乎此暨
漢達安之世祖文和位舉會稽因茲攀卧遂

[illegible]
徙無常宗支漸遠茲故續書
譜牒庶易尋源爰自
周漢迄今代英名婚宦罔有斷遺開元初
詔柳冲等復加刊纂姓爭之錄於是乃定
族石之宗而我
汪姓著望河西自此聲名江左
敕旨以開元四年下
汪譜始成因記其事流
卷遺蹟奠
萬古流芳千齡不朽矣
渡江裔孫 芬 謹叙

2 1 1(+) 1(+) 7(+) 9 9 9 9 10 3 1

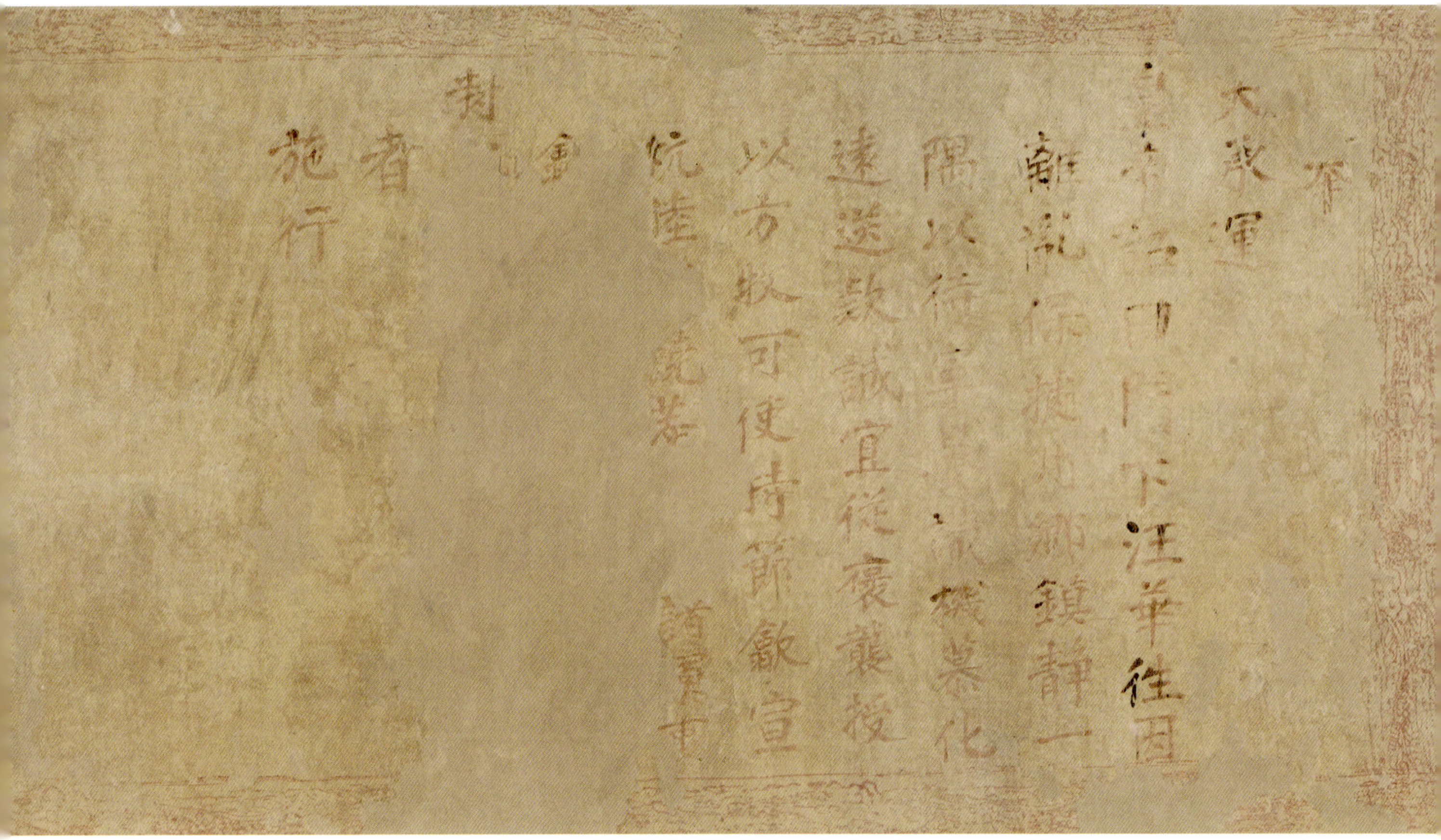

八、[唐] 高祖《武德四年硃筆詔書》（殘）

手寫硃書，紙本。縱三三．九厘米，橫九〇．八厘米。龍紋邊框，疑爲雕版刷印。內框縱二九厘米，橫八四厘米。

今存楷書十三行，另小字楷書三行，約一百字。所署紀年的『四年』二字處鈐有『內府之寶』朱文九曲篆大方印。

此件中間及後半部分殘損較多，以致文字已多處缺失，文句也已不完整。就可辨識部分看，正文部分的文字與今本略有差別，但文意基本一致。敕命中所列宣頒官員的人數，卻與今存文獻的記載完全不同。關於此件的具體情況，詳見《下編·二》。

【釋文】奉天承運皇帝，詔曰：門下汪華，往因離亂，保據□鄉，鎮静一隅，以待寧晏。議機慕化，遠送款誠，宜從褒襲。授以方牧，可使持節歙、宣、杭、睦、□、饒□□□諸軍事，歙（以下殘缺字數不詳）封（以下殘缺字數不詳）者施行。　武德四年九月（鈐印）二十二日下。　中書舍人上柱國臣周瑀宣、黄門侍郎□□同臣君肅、詔敕房給事中臣安業等行。

奉
天承運
皇帝制曰門下汪華往因
離亂保據鄉鎮靜一
隅以待真主識機慕化
遠送款誠宜從褒襲授
以方牧可使持節歙宣
杭睦婺饒諸軍事
制

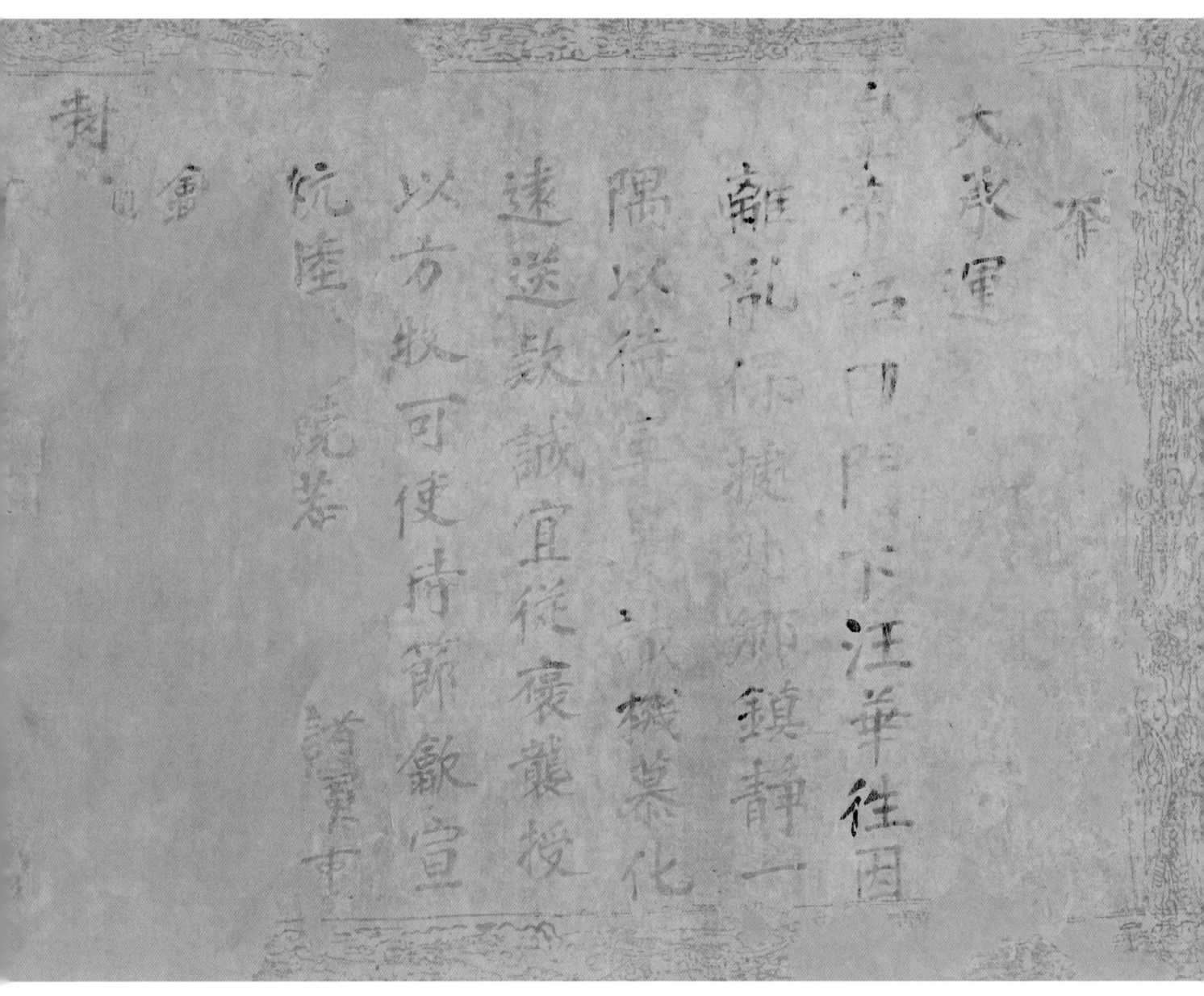

施行

武德[illegible]

中書舍人上柱國臣[illegible]宣

黄門侍郎[illegible]同臣[illegible]奉

[illegible]

6 唐越國公神傳

24 公諱華字英發新安人少有穎悟不群好屠飲不事口業每棲止
17 撤常有雲氣一日遇風雨與群牧童俱走獨
21 華公身不霑沐衆皆異之及壯專尚射獵不能為家用
26 大業二年林士弘殺豫章太守王琳自稱為洪王天下盜賊蠭起時
24 縣令項勉暴虐公聞之率衆百餘人逐之收邑中子弟得一千
19 三百餘人遂下新安時江淮饑荒人皆食草木惟
25 公即發倉廩以賑饑民遠近樂附於是隣境皆殺守令以應華公
18 義寧元年杜伏威來召公公麾下有勸附之者
18 公曰杜總管非真主不過賊爾附之無益少需
22 天命時所在小盜剽掠盜竊居民生業獨華公所攝六州
15 無警二年宇文化及殺隋煬帝於江都
10 高祖授禪華曰真主出矣
11 武德四年秋忽病壅索紙成
22 表遣宣城左長史汪鐵佛詣長安請降其畧曰乾坤革運
13 帝王有真據地利之善使者當思
27 天命之攸屬臣本田家崛起山谷不忍盜賊戕害生民率聚一方相與
24 保聚伊圖左右率屬歸心故能賑乏窒姦鎮安境土撫養黎庶
25 以俟定一今聞應天受禪革命肇基謹令宣城左長史汪鐵佛奉
3 表以聞
16 高祖大悅曰華既來東南定矣即日刻印
17 勅汪華都督歙宣杭睦婺饒等六州諸軍事
13 封越國公永徽年卒諸子扶歸塋
19 兵部職方司員外郎主管江州太平事黃葆光撰

手寫，紙本。縱三四厘米，橫五三·五厘米。

【釋文】唐越國公神傳　公諱華，字英發，新安人。少有穎悟，不群，好屠飲，不事□業，每栖山椒，常有雲氣。一日，遇風雨，與群牧童俱走，獨華公身不沾沐，衆皆异之。及壯，專尚射獵，不能爲家用。大業二年，林士弘殺豫章太守王琳，自稱爲洪王，天下盗賊起。時黟令項勉暴虐，公聞之，率衆百餘人逐之，收邑中子弟得一千三百餘人，遂下新安。時江淮饑荒，人皆食草木，惟公即發倉廪，以賑饑民，遠近樂附，於是鄰境皆殺守令以應華公。義寧元年，杜伏威來召公，公麾下有勸附之者，公曰：『杜總管非真主，不遇，賊爾，附之無益，少需天命。』時所在小盗，剽掠盗竊居民生業，獨華公所攝六州無警。二年，宇文化及殺隋煬帝於江都，高祖授禪，華曰：『真主出矣。』武德四年秋，忽病瘧，索紙成表，遣宣城左長史汪鐵佛詣長安請降。其略曰：乾坤革運，帝王有真，據地利之善，使者當思天命之攸。屬臣本田家，强起山谷，不忍盗賊戕害生民，率聚一方，相與保聚伊圖。左右率屬歸心，故能賑乏室奸，鎮安境土，撫養黎庶，以俟定一。今聞應天受禪，革命肇基，敢令宣城左長史汪鐵佛，奉表以聞。高祖大悦，曰：『華既來，東南定矣。』即日刻印，敕汪華都督歙、宣、杭、睦、婺、饒等六州諸軍事，封越國公。永寂年，率諸子扶歸葬。兵部職方司員外郎主管江州太平事黄葆光撰（鈐印）。

此件文字基本未損，存小字楷書二十四行，標題、正文、款識合共四百二十八字。款識無紀年，署『兵部職方司員外郎主管江州太平事黄葆光』，下鈐『過海長□』白文方印。

黄葆光，字元暉，徽州黟縣人。其生卒年不詳，主要活動於北宋後期。早年應舉不第，以從使高麗得官，試吏部銓第一，賜進士出身。由徐州司理參軍爲太學博士，遷秘書省校書郎，擢監察御史、左司諫。時因開罪權臣蔡京，一度降職，後復拜侍御史，擢秘書丞。政和末年，再遭蔡京排擠，貶知昭州立山縣。後蔡京致仕，復召爲職方司員外郎，知處州。其時，正當方臘殘亂之後，黄葆光安撫民衆，頗有政聲，民列上其狀，加直秘閣，再任。卒，年五十八，州人建祠紀念。

此文不見著録，所述主要是汪華在隋末時的保境安民和歸順唐高祖的事蹟，内容與世傳所述大致相同。從目前所知的黄葆光從政經歷看，文獻中記載了他於晚年擔任過職方司員外郎的職務。

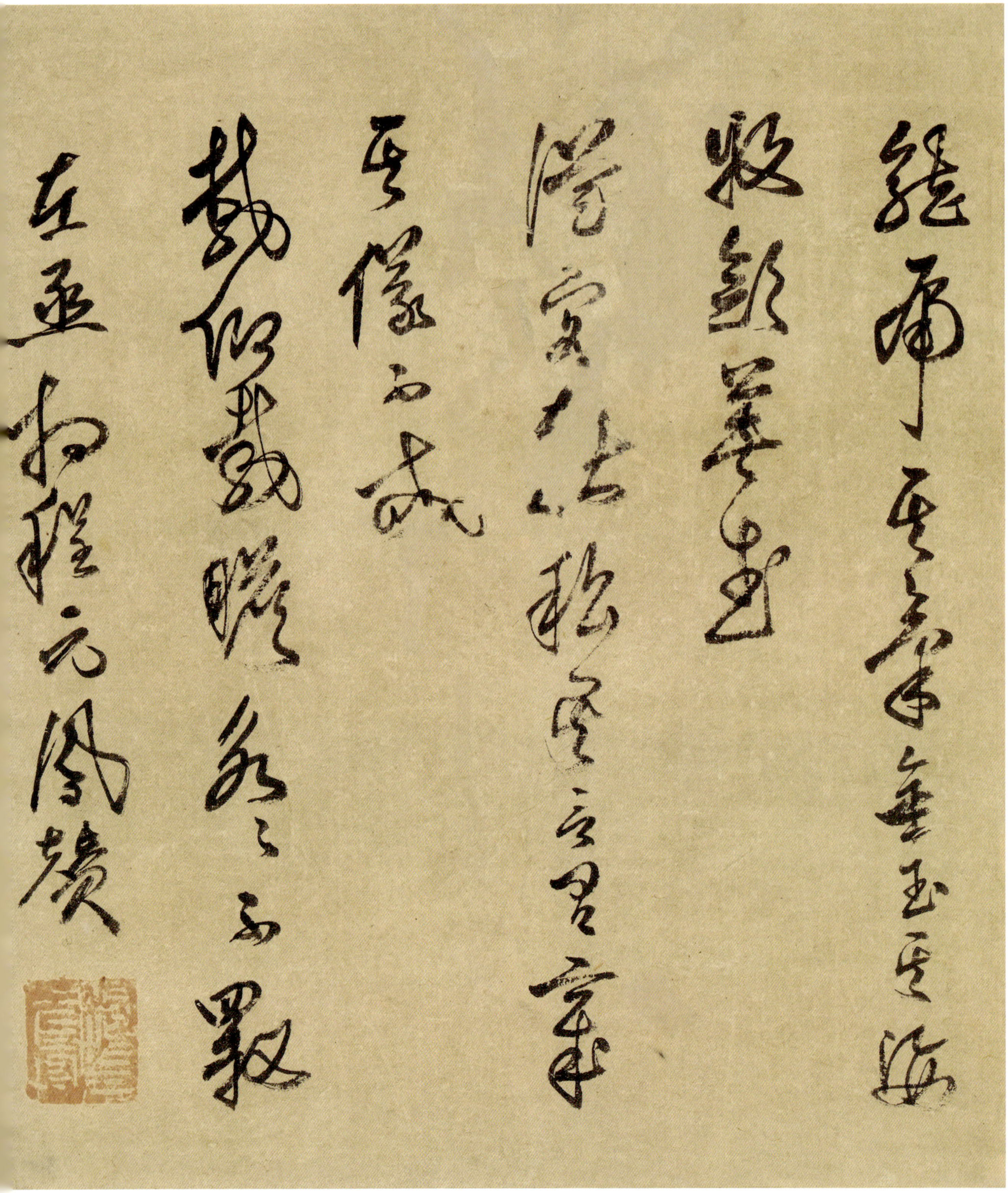

十、[宋] 程元鳳《贊語》

手寫，紙本。縱三二・七厘米，橫二九・八厘米。

【釋文】龍虎其氣，金玉其姿。收斂英武，從容□私。其言有章，其儀不忒。載仰載瞻，永永不斁。　左丞相程元鳳贊（鈐印）。

無標題，全篇文字基本未損，四言十六句，連款識存行草書六行，共三十九字。款識無紀年，署『左丞相程元鳳贊』，下鈐『程元鳳』白文方印。

程元鳳（一一九九—一二六八），字申甫，號訥齋，徽州歙縣人。南宋理宗紹定元年（一二二八）進士，初任江陵府教授，後歷任江、淮等路都大提點坑冶鑄錢公事兼知饒州、太學博士、監察御史、殿中侍讀、侍御史、簽書樞密院事、權參知政事等職，理宗景定二年（一二六一）十月，授特進觀文殿大學士、醴泉觀使兼侍讀。程氏以敢言善諫、忠誠正直著稱一時，與權臣賈似道不合，屢受排擠，卒後贈少師。

此文未見著録，從內容上看，應該是對汪華肖像題寫的贊辭。款署職銜爲『左丞相』，但據史書記載的程元鳳從政經歷，皆僅提及其數度出任右丞相一職，其間是否曾經出任過左丞相，待考。

9 4 8 7 8 6 1

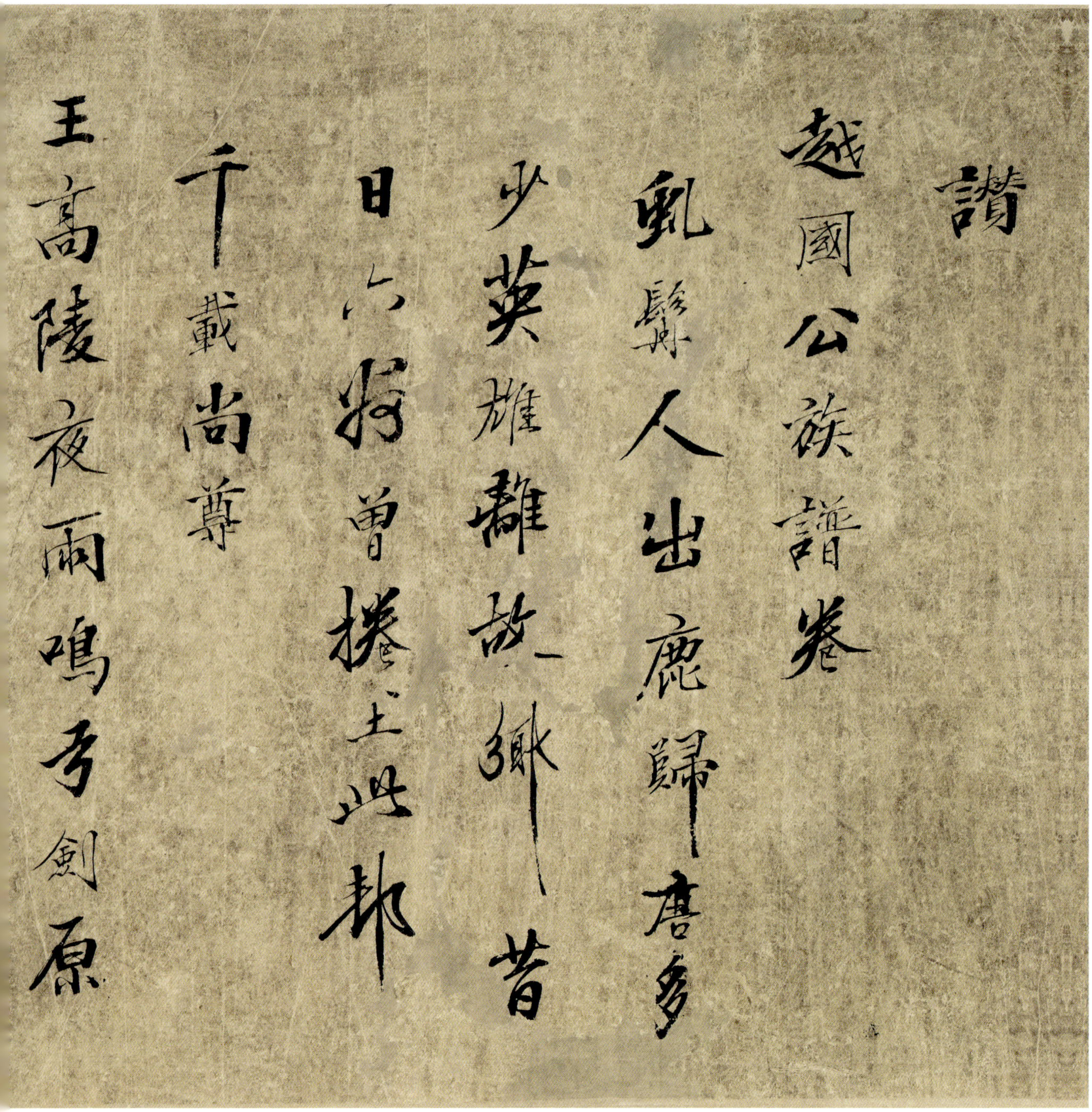

讚
越國公族譜卷
虯髯人出鹿歸唐多
少英雄離故鄉昔
日六將曾攙土此邦
千載尚尊
王高陵夜雨鳴弓劍原

十一、［元］胡炳《贊越國公族譜卷》

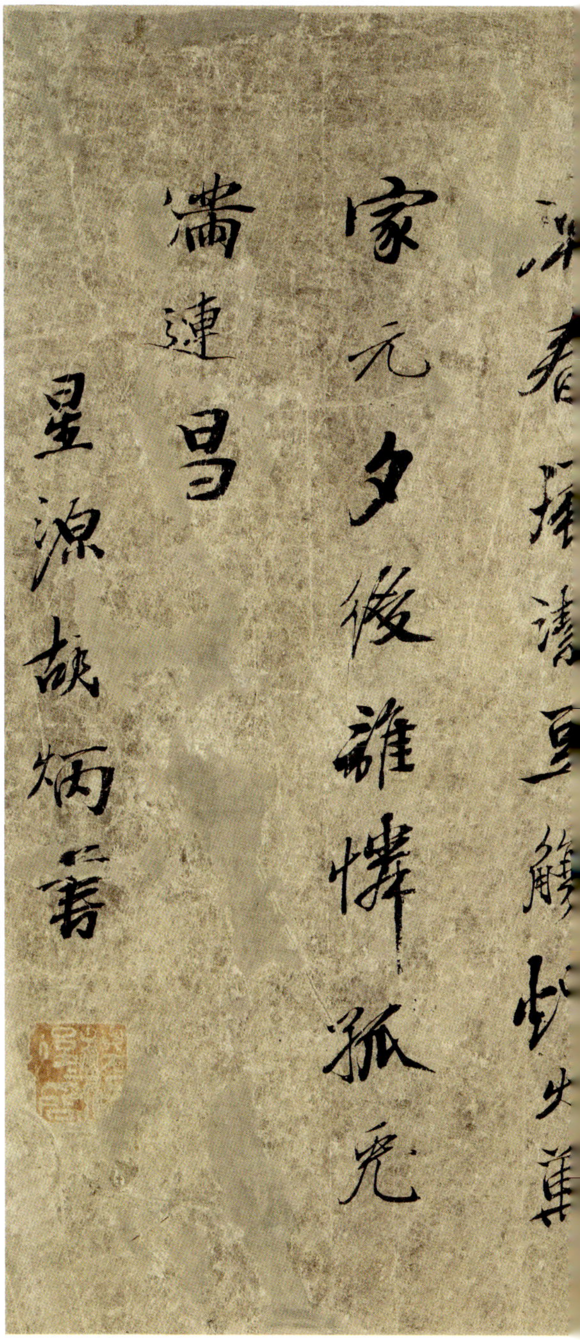

手寫，紙本。縱三三厘米，橫五二·三厘米。

【釋文】贊越國公族譜卷　虬髯人出鹿歸唐，多少英雄離故鄉。昔日六州曾捲土，此邦千載尚尊王。高陵夜雨鳴弓劍，原□春風潔豆觴。燈火萬家元夕後，誰憐孤兔滿連昌。　星源胡炳書（鈐印）。

全文除個別因紙面受損而缺字外，基本完整，行楷書十一行共三十八字。款署『星源胡炳書』，鈐『楊谷後裔』白文方印。星源，爲徽州地名，即今江西省婺源縣甲路鄉。查《新安文獻志》，贊語內容與此書卷十四所載元代胡炳文（一二五〇—一三三三）《題富山汪王廟》基本相同。汪王，即指汪華；富山，在徽州郡城，一名烏聊山，是汪華當年的興兵保境之地；富山汪王廟，至遲在五代時期已經建成，在徽州地區官民族人祭祀汪華（或稱汪王神）的三大中心祠廟裏，以富山汪王廟的規模、影響爲最。由於南宋王朝先後八次敕封汪王神，因此，富山汪王廟也愈加興盛，并一直延續到元明時代。

贊語爲七律詩一首，書法用筆尖利遒勁，字形瀟灑自如，毫無拘泥之感，具有宋末元初書法的鮮明特質。與南宋張即之行楷《金剛般若波羅蜜經》書蹟相類。關於『胡炳』其人和此件書法，詳見《下編·三》。

15 7 9 17 17 17 16 18 18 8 18 18 18 13 19 19 18 20 7

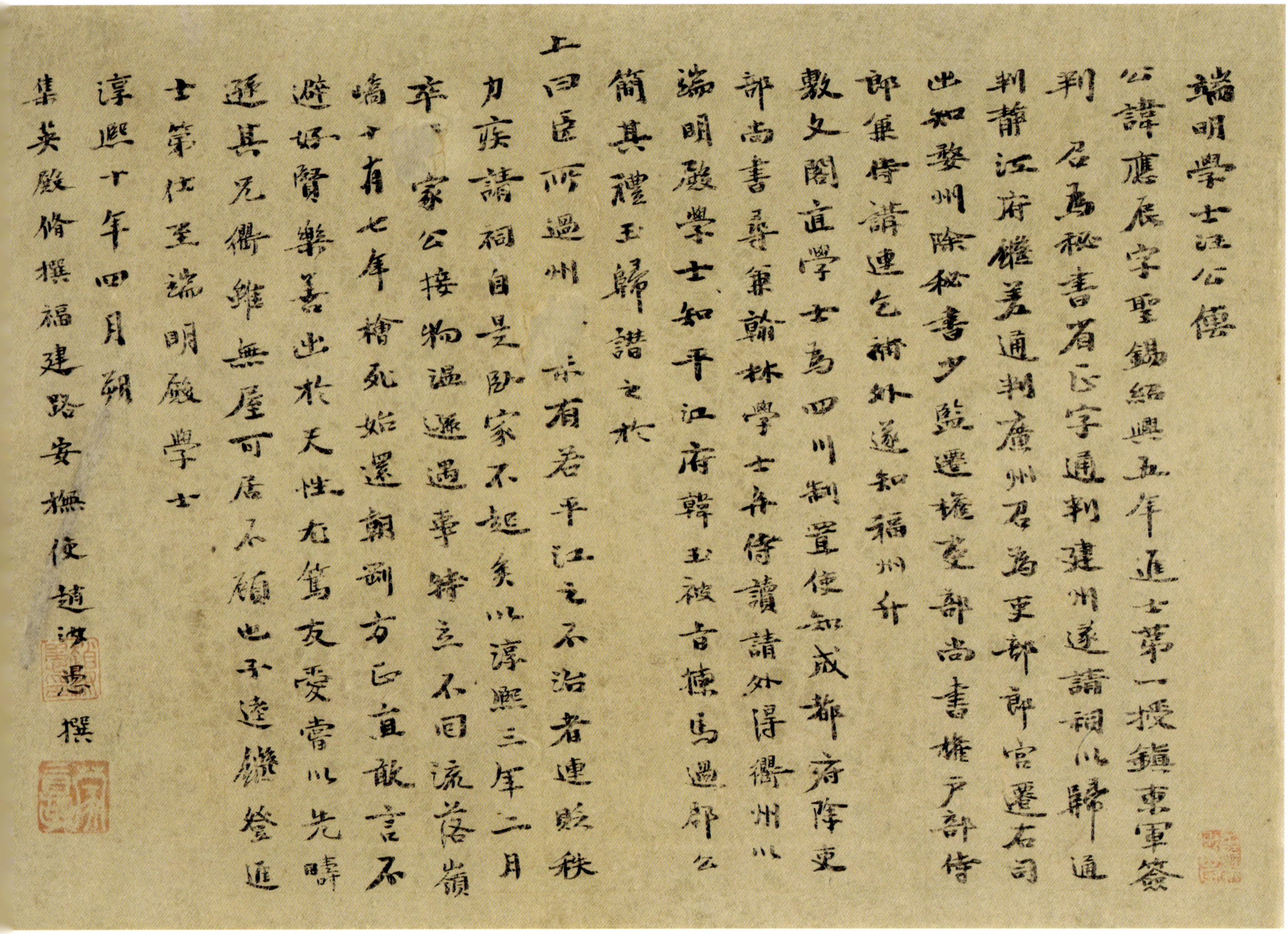
端明學士汪公傳
公諱應辰字聖錫紹興五年進士第一授鎮東軍簽
判召為秘書省正字通判建州遂請祠以歸通
判靜江府權差通判廣州召為吏部郎官遷右司
出知婺州除秘書少監遷權吏部尚書權戶部侍
郎兼侍講連乞補外遂知福州升
敷文閣直學士為四川制置使知成都府降吏
部尚書尋兼翰林學士并侍讀請外得衢州以
端明殿學士知平江府韓玉被旨揀馬過郡公
簡其禮玉歸譖之於
上曰臣所過州未有若平江之不治者連貶秩
力疾請祠自是卧家不起矣以淳熙三年二月
卒〻家公接物溫遜過華特立不回流落嶺
嶠十有七年檜死始還朝剛方正直敢言不
避好賢樂善出於天性尤篤友愛嘗以先疇
遜其兄衢雖無屋可居不顧也子逵繼登進
士第仕至端明殿學士
淳熙十年四月朔
集英殿脩撰福建路安撫使趙汝愚撰

十二、[宋] 趙汝愚《端明學士汪公傳》

手寫，紙本。縱三二·四厘米，橫四六·八厘米。

【釋文】端明學士汪公傳　公諱應辰，字聖錫，紹興五年進士第一，授鎮東軍簽判。召爲秘書省正字。通判建州，遂請祠以歸。通判静江府。繼差通判廣州，召爲吏部郎官，遷右司，出知婺州。除秘書少監，遷權吏部尚書、權户部侍郎兼侍講，連乞補外，遂知福州。升敷文閣直學士，爲四川制置使知成都府，除吏部尚書，尋兼翰林學士并侍讀，請外，得衢州。以端明殿學士知平江府。韓玉被旨揀馬過郡，公簡其禮，玉歸，譖之於上，曰：『臣所過州□，未有若平江之不治者。』連貶秩，力疾請祠。自是卧家不起矣，以淳熙三年二月卒□家。公接物温遜，遇事特立不回，流落嶺嶠十有七年，檜死，始還朝。剛方正直，敢言不避，好賢樂善，出於天性，尤篤友愛。嘗以先疇遜其兄衢，雖無屋可居，不顧也。子逵，繼登進士第，仕至端明殿學士。　淳熙十年四月朔。集英殿修撰福建路安撫使趙汝愚（鈐印）撰（鈐印）。

小字行楷書十九行，標題、正文、署款合共二百九十四字，缺損二字。款識紀年爲『淳熙十年四月朔』，署『集英殿修撰福建路安撫使趙汝愚撰』，下鈐二印，一爲『趙汝愚印』朱文方印，一爲『蒙真子』白文方印。

『端明學士汪公』，即汪應辰（一一一八—一一七六），原名洋，高宗賜詩後改名應辰，字聖錫，信州玉山（今屬江西玉山）人。少有『神童』之稱，紹興五年（一一三五）狀元，授鎮東軍簽判，召爲秘書省正字。因上疏抗金，開罪權臣秦檜，出爲通判建州、静江府、廣州等。秦檜死後，復召爲吏部郎官，遷右司，出知婺州，除秘書少監，遷權吏部尚書。孝宗即位初，出知福州，旋升任敷文閣侍制。嘗舉朱熹自代，出爲四川制置使，再除吏部尚書，兼翰林學士侍讀。後因事與孝宗不合，以端明殿學士出知蘇州，爲韓玉所誣陷，連遭貶秩，氣病而卒。謚文定。有《文定集》二十四卷行世。

趙汝愚（一一四〇—一一九六），字子直，江西餘干人。宋太宗趙光義八世孫，宗室名臣。宋孝宗乾道二年（一一六六）狀元，授簽書寧國事節度使，除秘書省正字，歷任集英殿修撰、福建安撫使、吏部尚書，遷知樞密院事、右丞相等職。後遭韓侂胄構陷，貶爲寧遠軍節度使，赴任途中遭守官侮辱，暴卒。孝宗開禧三年（一二〇七），韓侂胄被殺，盡復趙汝愚原官，賜謚忠定，贈太師，追封沂國公。理宗時配享寧宗廟廷，追封福王改周王，列昭勛閣二十四功臣之一。關於此件内容的具體情況，詳見《下編·一》。

8 5 8 8 9 2

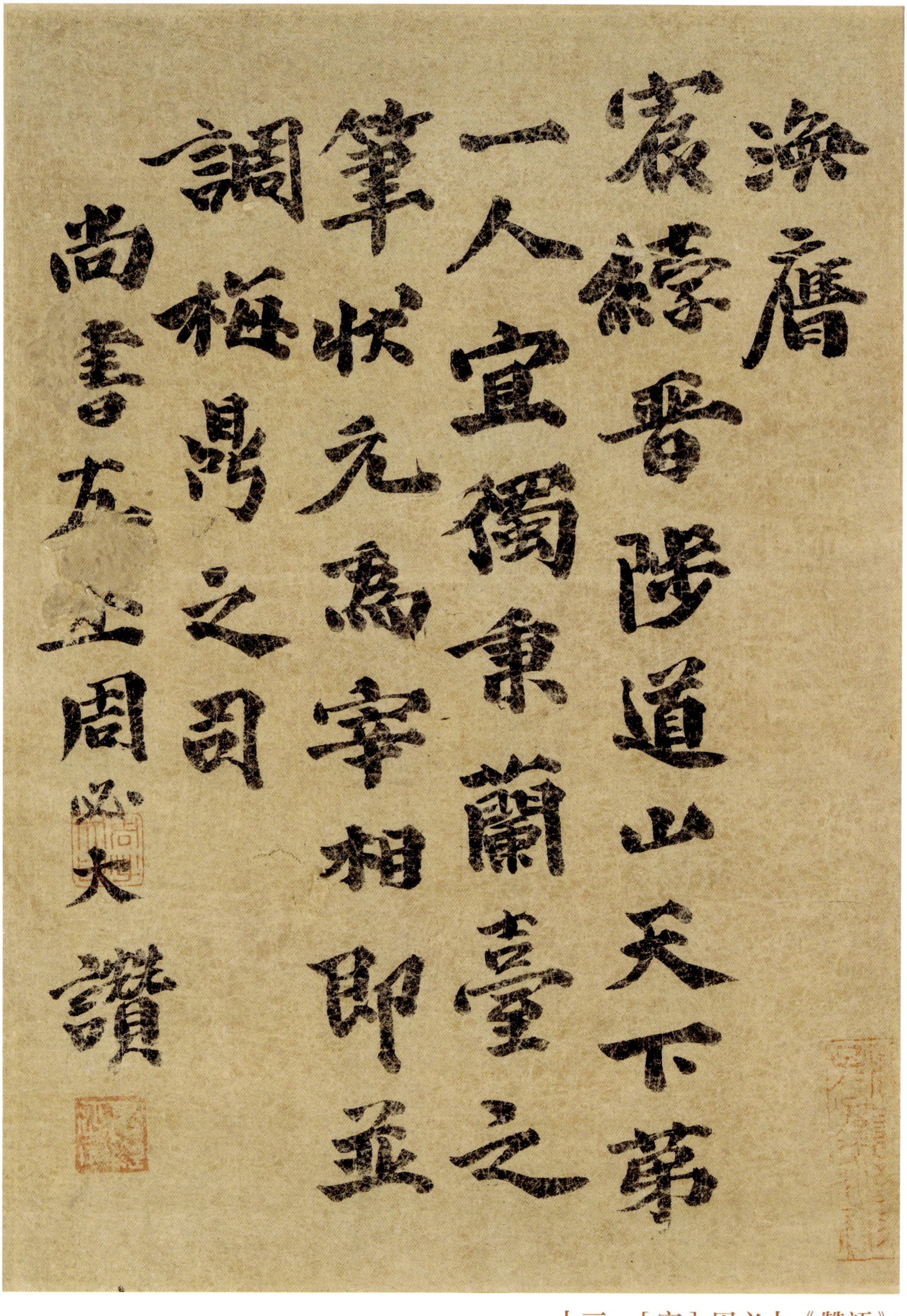
渙膺
宸綍晉陽道山天下第
一人宜獨秉蘭臺之
筆狀元爲宰相即丞
調梅鼎之司
尚書左丞周必大贊

十三、［宋］周必大《贊語》

手寫，紙本。縱三七厘米，橫二六·五厘米。

【釋文】煥曆宸綍，晉陟道山。天下第一人，宜獨秉蘭臺之筆；狀元爲宰相，即并調梅鼎之司。　尚書左丞周必大（鈐印）贊（鈐印）。

無標題，行楷書六行，正文并署款合共四十字。款識無紀年，署『尚書左丞周必大贊』，下鈐二印，一爲『周必大白』朱文方印，另一白文方印模糊不辨。右下角鈐一朱文長方印，印色淡薄，右半邊已在裝裱時被裁去一部分，印文也已不完整，難以識讀，左半邊印文爲『子子孫孫永寶』。

周必大（一一二六—一二〇四），字子充，一字洪道，號平園老叟。原籍河南管城（今屬鄭州），祖父周詵時居吉州廬陵（今屬江西吉安）。紹興二十一年（一一五一）進士，二十七年（一一五七）舉博學鴻詞科，歷官至吏部尚書、樞密使、左丞相，封許國公。慶元初以觀文殿大學士、益國公致仕。卒後追贈太師，謚文忠，寧宗親書『忠文耆德之碑』。工詞章，爲南宋文壇領袖之一，與陸游、范成大、楊萬里等交誼頗深。有《省齋文稿》《平園集》等詩文二百卷行世。

此件的文字內容，見南宋方中輯《蛟峰外集》卷二所載《賀蛟峰先生復秘書署摘句》。

7　14　14　15　15　16　16　16　15　15　15　14　14　13　13　13　2　13

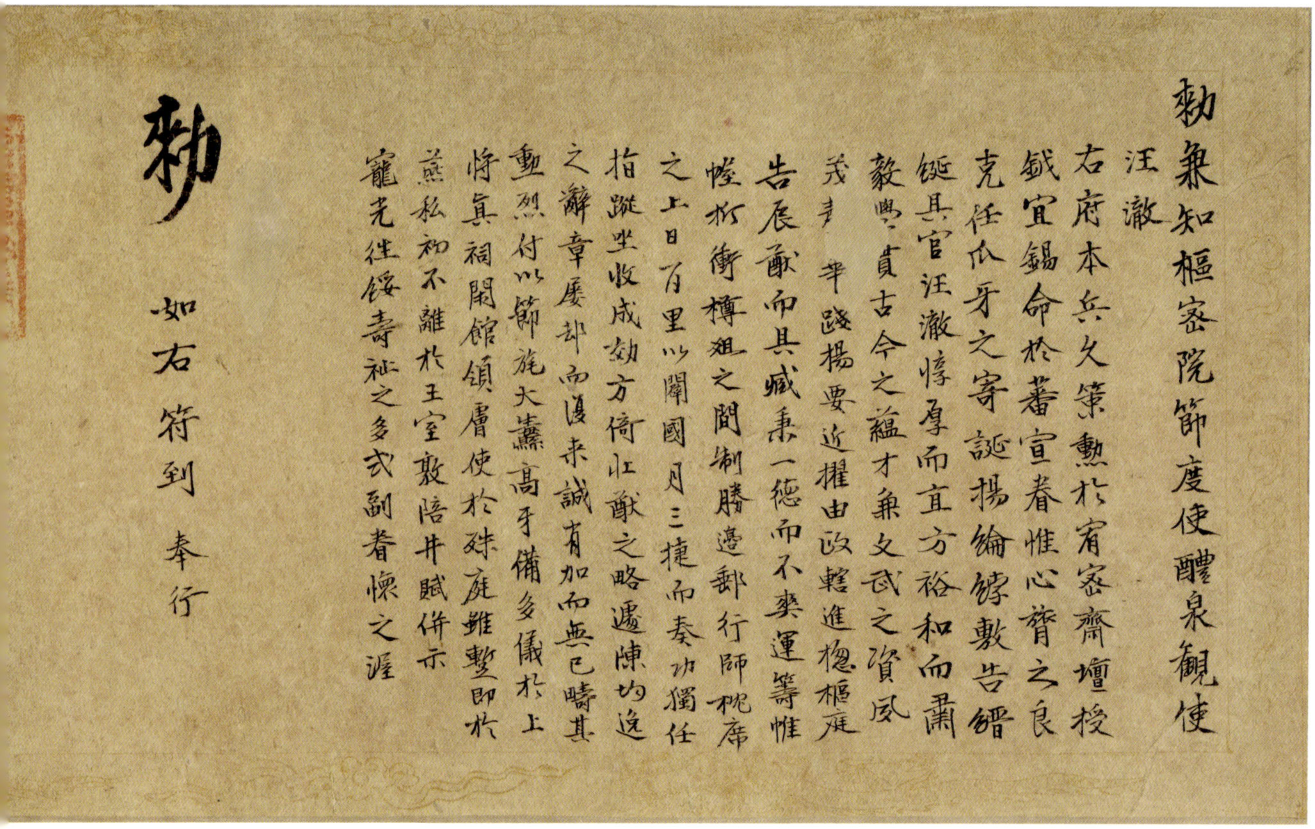

葫蘆形押印（原大）

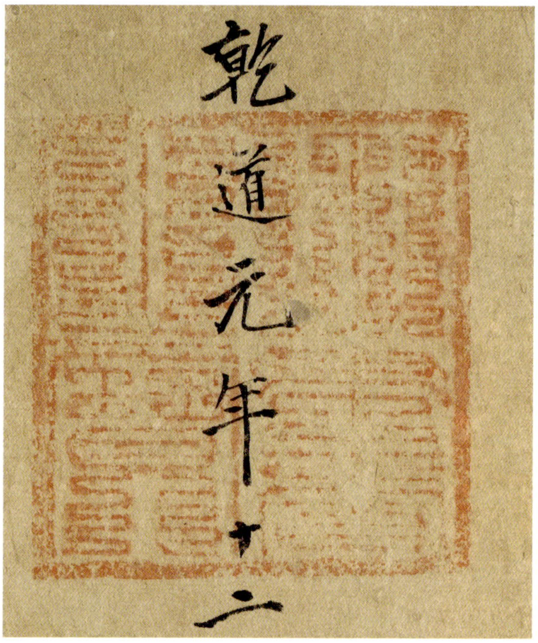

“御書之寶”九曲篆朱文印（原大）

十四、［宋］孝宗《敕兼知樞密院節度使醴泉觀使汪澈》

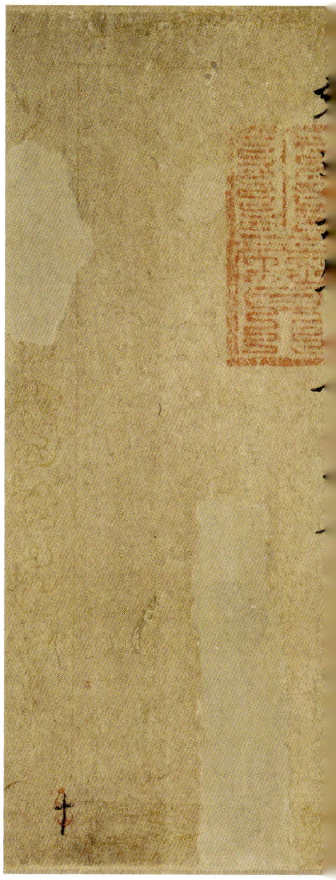

手寫，紙本。縱三七厘米，橫八一・二厘米。上下邊框内為泥金手繪龍形圖案，四周邊框内為泥金手繪龍形雲紋圖案。内框縱三一厘米，橫七三・八厘米。

【釋文】敕兼知樞密院節度使醴泉觀使汪澈　右府本兵；久策勛於宥密，齋壇授鉞，宜錫命於蕃宣。眷惟心膂之良，克任爪牙之寄，誕揚綸綍，敷告縉紳。具官汪澈，惇厚而直方，裕和而肅毅，學貫古今之蕴，才兼文武之資，夙茂□□，踐揚要近。擢由政轄進總樞，庭告辰猷而具臧，秉一德而不爽。運籌帷幄，折衝樽俎之間；制勝邊郵，行師枕席之上。日百里以闢國，月三捷而奏功，獨任指蹤，坐收成效。方倚壯猷之略，遽陳均逸之辭，章屢却而復來，誠有加而無已。疇其勛烈，付以節旄，大纛高牙，備多儀於上將；真祠閑館，領膚使於殊庭。雖暫即於燕私，初不離於王室；敦陪井賦，并示寵光。往綏壽祉之多，貳副眷懷之渥。　敕如右，符到奉行。　乾道元年（鈐印）十二月十五日。

此件保存較完好，標題、正文、年款等合共十九行，存二百四十九字，殘兩字。紀年作『乾道元年十二月十五日』，鈐『御書之寶』九曲篆朱文大印。左下角有墨筆所畫的『十』字押記，墨蹟上加蓋朱色葫蘆形押印。

汪澈（一一〇九—一一七一），字明遠，自徽州新安（今屬安徽歙縣）徙居饒州浮梁（今屬江西上饒）。宋高宗紹興八年（一一三八）進士，教授衡州。歷進殿中侍御史，纍官參知政事、樞密院事，與宰相陳康伯同贊内禪。宋孝宗隆興初，除資政殿學士，提舉洞霄宫。乾道元年（一一六五）知建康府，除樞密院使，兩年後以觀文殿學士奉洞霄祠，不久，知鄂州兼安撫使，以知寧國府，改福建安撫使致仕。卒後贈金紫光録大夫，謚莊敏。有文集二十卷、奏議十二卷。

此文著録於南宋李綱《梁溪集》卷三十五，是宋孝宗趙昚賜頒汪澈的敕文，意在褒奬。

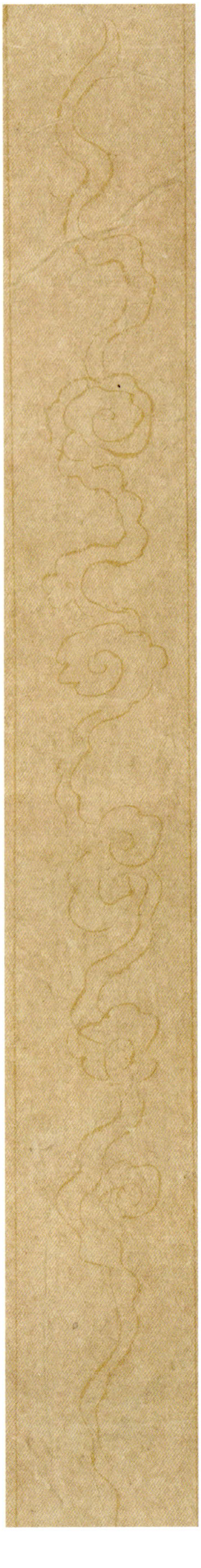

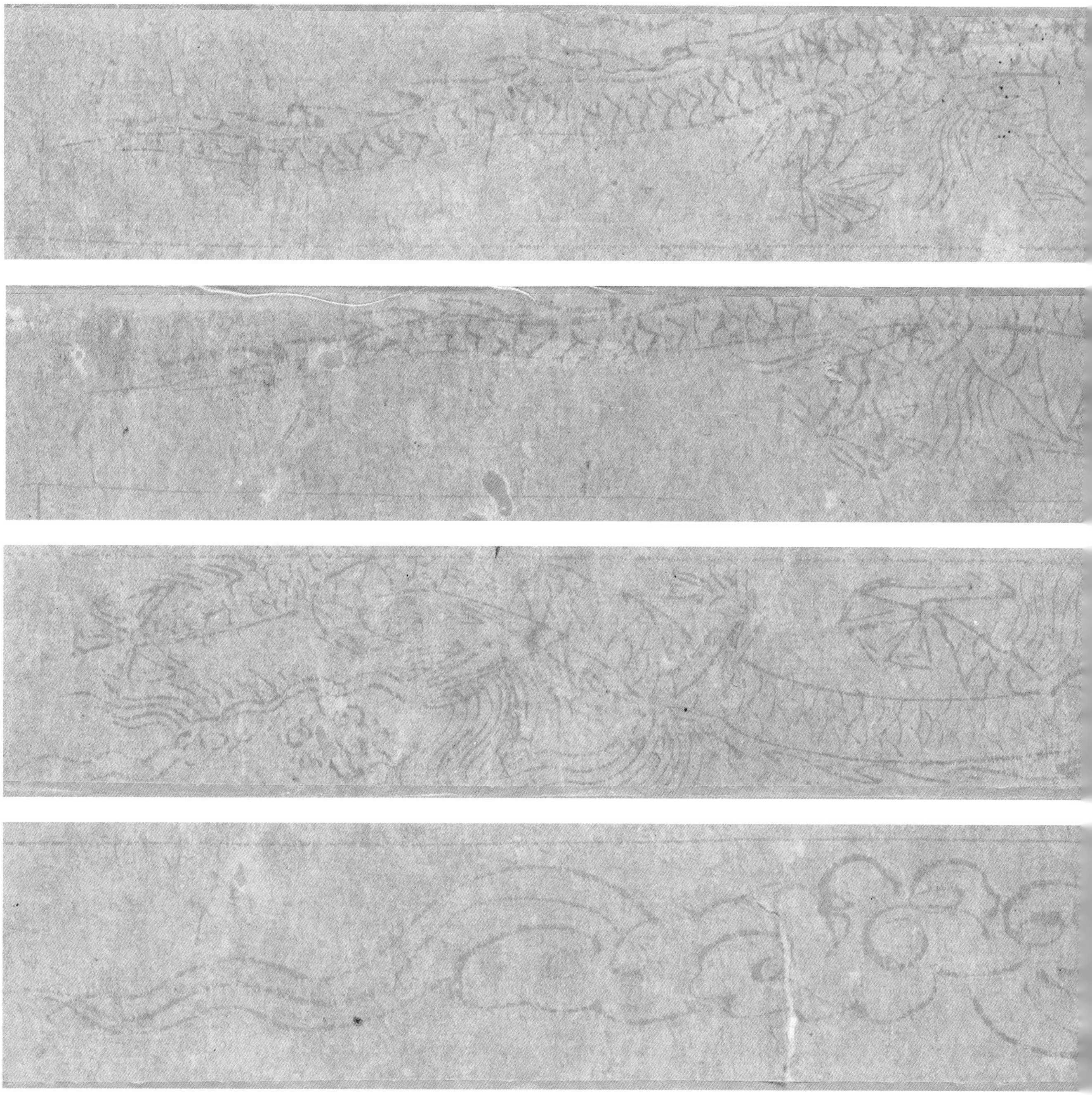

《敕兼知樞密院節度使醴泉觀使汪澈》四周邊框內的泥金手繪龍形和雲紋圖案（局部放大）

6 4(+) 6 6 6

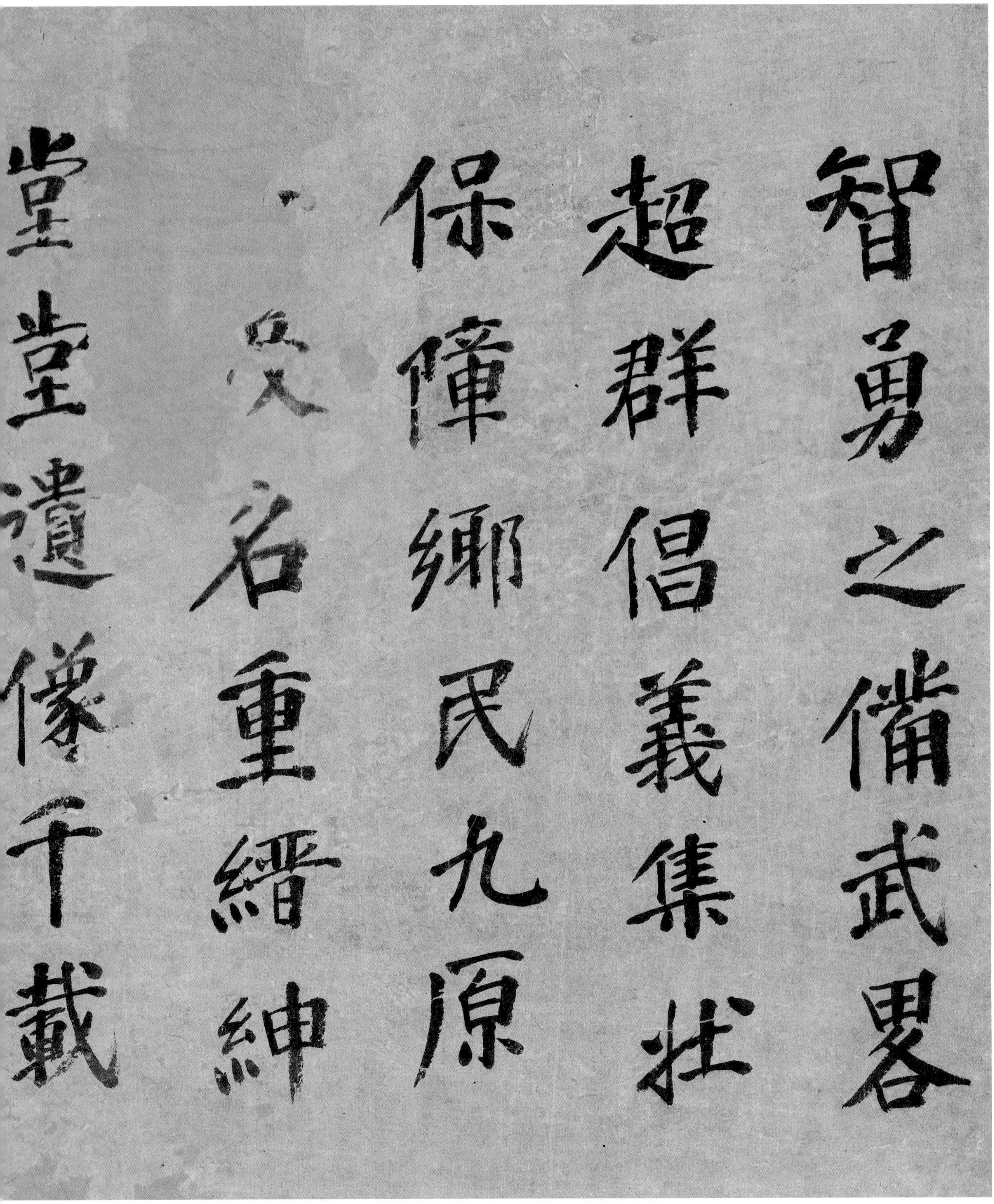

十五、[宋] 羅願《贊語》

2　5

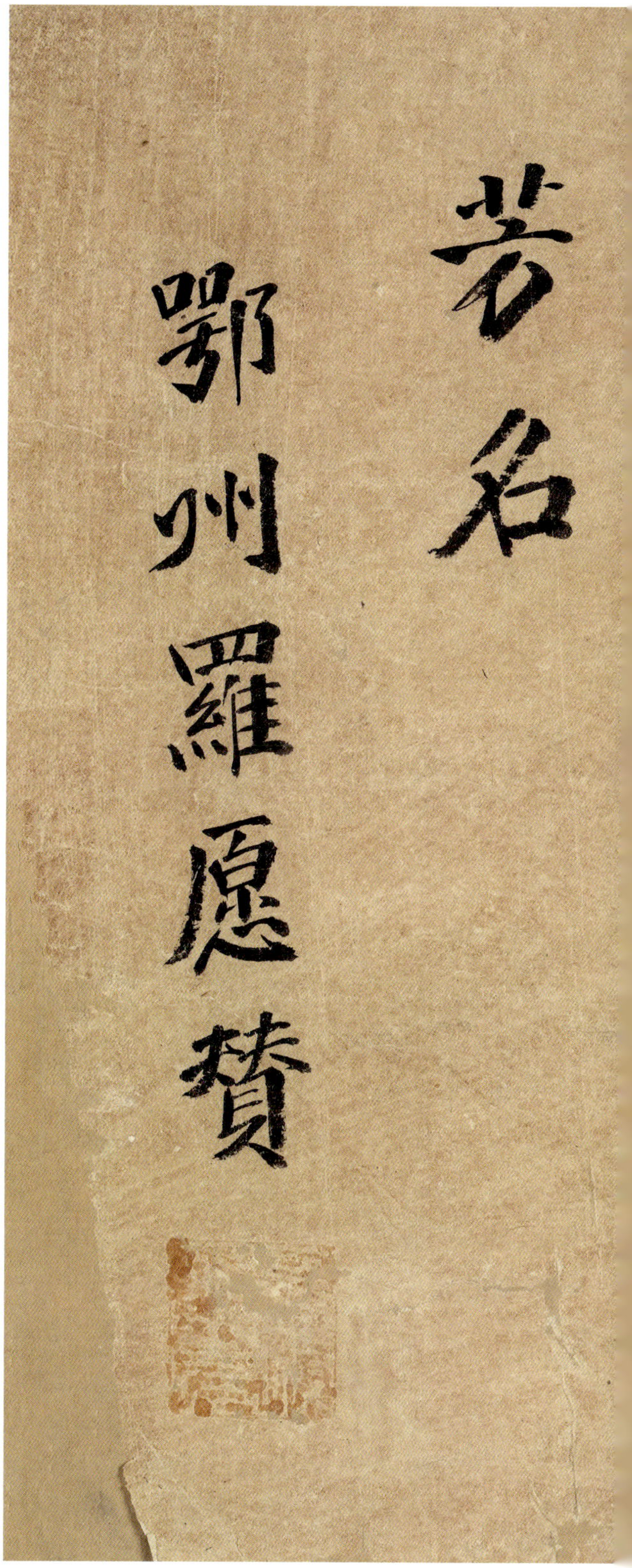

手寫，紙本。縱三三・八厘米，横四五・二厘米。

【釋文】智勇之備，武略超群。倡義集壯，保障鄉民。九原□□，名重縉紳。堂堂遺像，千載芳名。鄂州羅願贊（鈐印）。

無標題，楷書七行，殘損两字，正文、署款合共存三十五字。款識無紀年，署『鄂州羅願贊』，下鈐一印已殘損，印文模糊不辨。

羅願（一一三六—一一八四），字端良，號存齋。徽州歙縣呈坎人。南宋大臣、學者羅汝楫之子。乾道二年（一一六六）進士，歷任鄱陽知縣、贛州通判、鄂州知事等職，時稱『羅鄂州』。精博物之學，長於考證。文章精練醇雅，有秦漢古文之風，朱熹極稱之。有《新安志》十卷、《爾雅翼》二十卷、《鄂州小集》七卷等行世。《宋史》有傳。

這段贊辭，短短八句，古風盎然。前半段贊頌汪華智勇兼備、保障鄉民的歷史功績，後半段則是就汪華的遺像而言，但這篇文字在今存的羅願文集中未能查到。關於羅願這篇贊辭的具體情況，詳見《下編・三》。

17 15 33 30 30 32 30 28 27 31 30 30 32 30 32 30 31 33 34 33 31 6

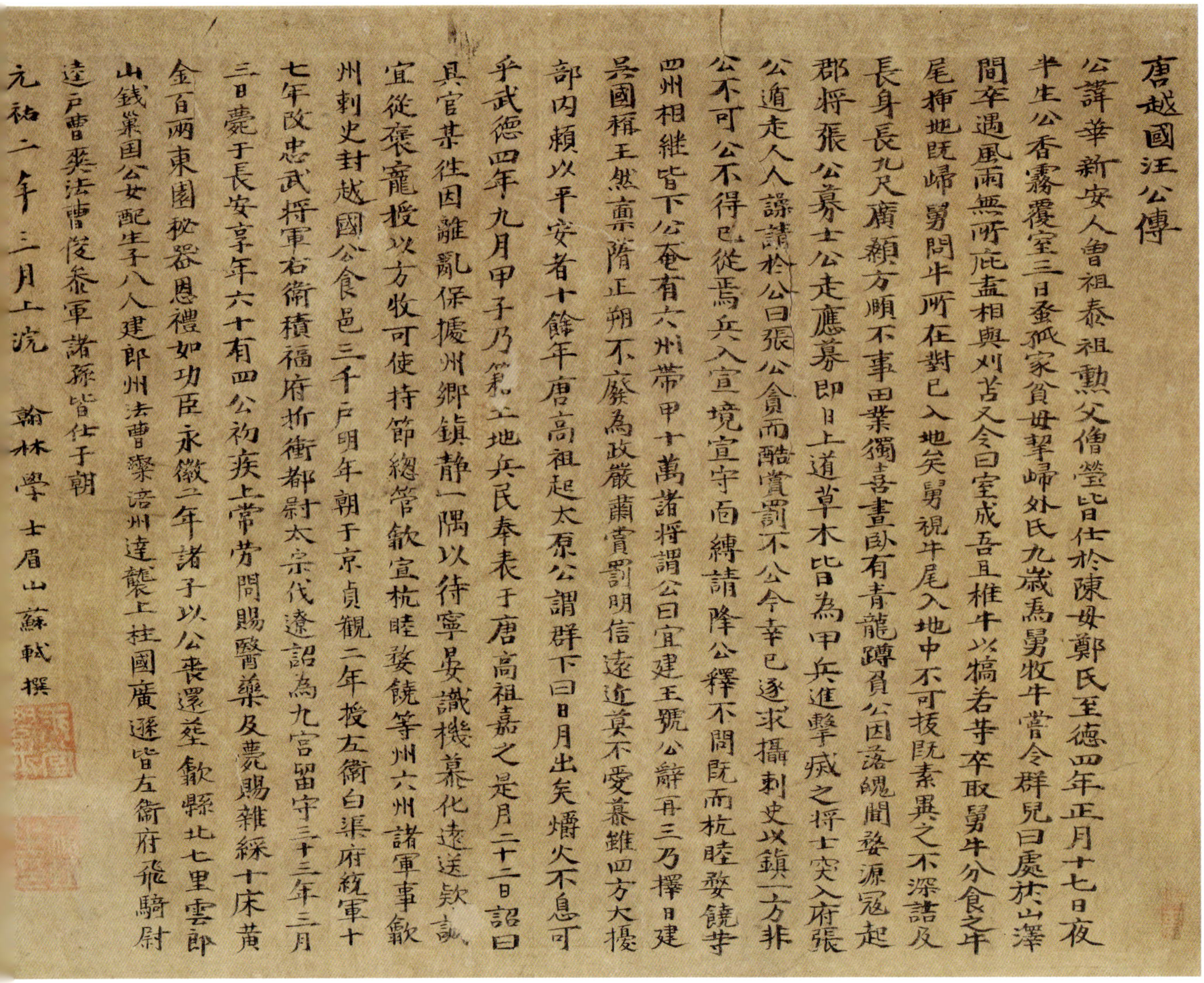

唐越國汪公傳
公諱華新安人曾祖泰祖勳父僧瑩皆仕於陳母鄭氏至德四年正月十七日夜
半生公香霧覆室三日蚤孤家貧母挈歸外氏九歲爲舅牧牛嘗令群兒曰處於山澤
間卒遇風雨無所庇盍相與刈苫又令曰室成吾且椎牛以犒若等卒取舅牛分食之牛
尾插地既歸舅問牛所在對已入地矣舅視牛尾入地中不可拔既素異之不深詰及
長身長九尺廣顙方頤不事田業獨喜晝卧有青龍蹲負公因落魄間婺源寇起
郡將張公募士公走應募即日上道草木皆爲甲兵進擊滅之將士突入府張
公遁走人人謀請於公曰張公貪而酷賞罰不公今幸已遁求攝刺史以鎮一方非
公不可公不得已從焉兵入宣境宣守面縛請降公釋不問既而杭睦婺饒等
四州相繼皆下公奄有六州帶甲十萬諸將謂公曰宜建王號公辭再三乃擇日建
吳國稱王然稟隋正朔不廢爲政嚴肅賞罰明信遠近莫不愛慕雖四方大擾
部内頼以平安者十餘年唐高祖起太原公謂群下曰日月出矣爝火不息可
乎武德四年九月甲子乃籍土地兵民奉表于唐高祖嘉之是月二十二日詔曰
具官某往因離亂保據州鄉鎮静一隅以待寧晏識機慕化遠送款誠
宜從褒寵授以方牧可使持節總管歙宣杭睦婺饒等州六州諸軍事歙
州刺史封越國公食邑三千户明年朝于京貞觀二年授左衛白渠府統軍十
七年改忠武將軍右衛積福府折衝都尉太宗伐遼詔爲九宫留守二十三年三月
三日薨于長安享年六十有四公初疾上常劳問賜醫藥及薨賜雜綵十床黄
金百兩束園秘器恩禮如功臣永徽二年諸子以公喪還葬歙縣北七里雲郎
山錢巢國公安配生子八人建郎州法曹璨涪州達襲上柱國廣遜皆左衛府飛騎尉
達戶曹爽法曹俊參軍諸孫皆仕于朝
元祐二年三月上浣　翰林學士眉山蘇軾撰

十六、[宋]蘇軾《唐越國汪公傳》

手寫，紙本。縱三六厘米，橫四九厘米。

【釋文】唐越國汪公傳　公諱華，新安人。曾祖泰，祖勳，父僧瑩，皆仕於陳。母鄭氏。至德四年正月十七日夜半生公，香霧覆室三日。蚤孤，家貧，母挈歸外氏。九歲爲舅牧牛，嘗令群兒曰：『處於山澤間，卒遇風雨，無所庇，盍相與刈苫。』又令曰：『室成，吾且椎牛以犒若等。』卒取舅牛分食之，牛尾插地。既歸，舅問牛所在，對：『已入地矣。』舅視牛尾入地中，不可拔，既素异之，不深詰。及長，身長九尺，廣顙方頤，不事田業，獨喜晝卧，有青龍蹲負。公因落魄間，婺源寇起，郡將張公募士，公走應募，即日上道，草木皆爲甲兵，進擊滅之，將士突入府，張公遁走。人人譟請於公，曰：『張公貪而酷，賞罰不公，今幸已逐。』求攝刺史，以鎮一方，非公不可。公不得已，從焉。兵入宣境，宣守面縛請降，公釋不問。既而，杭、睦、婺、饒等四州相繼皆下，公奄有六州，帶甲十萬。諸將謂公曰：『宜建王號。』公辭再三。乃擇日建吳國稱王，然稟隋正朔不廢，爲政嚴肅，賞罰明信，遠近莫不愛慕。雖四方大擾，部内賴以平安者十餘年。唐高祖起太原，公謂群下曰：『日月出矣，爝火不息可乎？』武德四年九月甲子，乃籍土地兵民，奉表於唐，高祖嘉之。是月二十二日，詔曰：『具官某，往因離亂，保據州鄉，鎮静一隅，以待寧晏。識機慕化，遠送款誠，宜從褒寵，授以方牧。可使持節總管歙、宣、杭、睦、婺、饒等州六州諸軍事，歙州刺史，封越國公，食邑三千户。』明年，朝於京。貞觀二年，授左衛白渠府統軍；十七年，改忠武將軍右衛積福府折衝都尉。太宗伐遼，詔爲九宫留守。三十三年三月三日，薨於長安，享年六十有四。公初疾，上常勞問賜醫藥，及薨，賜雜彩十床，黄金百兩，東園秘器，恩禮如功臣。永徽二年，諸子以公喪，還葬歙縣北七里雲郎山。錢巢國公女配，生子八人：建，郎州法曹；粲，涪州；達，襲上柱國；廣、遜，皆左衛府飛騎尉；逵，户曹；爽，法曹；俊，参軍。諸孫皆仕於朝。　元祐二年三月上浣。翰林學士眉山蘇軾撰（鈐印）。

小字行楷書二十二行，通篇文字無殘損，標題、正文和署款合共六百二十五字。款識紀年爲『元祐二年三月上浣』，署『翰林學士眉山蘇軾撰』，下鈐二印，分别是『玉堂學士』『蘇軾之印』白文方印。右下角鈐有『子孫永傳之寶』白文長方印。

文章未見著録，較之黄葆光的《唐越國公神傳》，此文篇幅更長，内容也更具體。所記汪華出生時帶有明顯神話色彩的文字，這一現象，與入宋以後汪華這一歷史人物在徽州地區逐漸被神化是密切相關的。此外，文末明確提到汪華的原配夫人爲吳越國錢氏家族的巢國公之女，爲汪華『生子八人』，分别爲建、粲、達、廣、遜、逵、爽、俊，比後來不少譜書的記載相比少了幼子汪獻，亦未記載錢氏夫人去世後繼娶之事。這一不同，直接影響到汪華後世的譜系，值得探究。

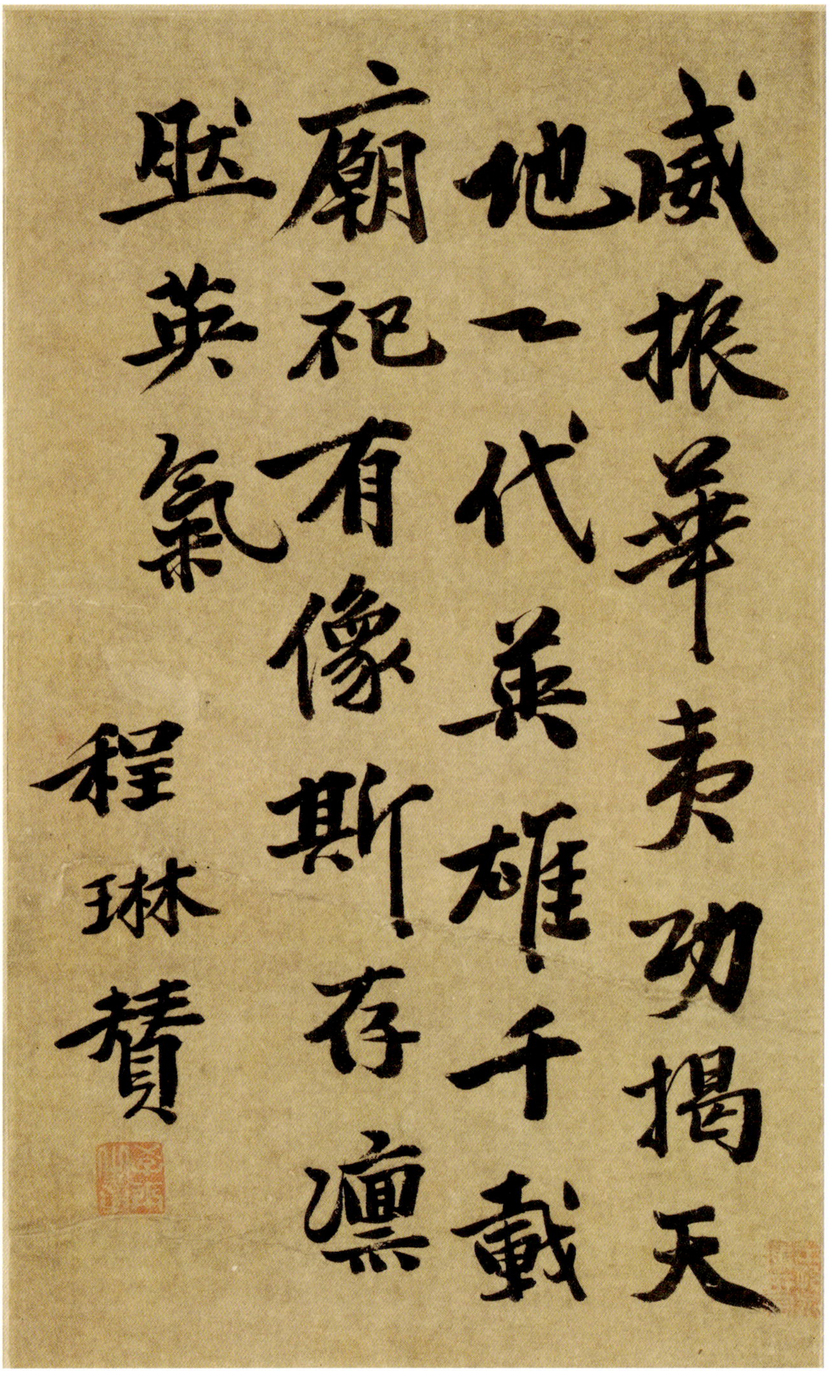
威振華夷功揭天
地一代英雄千載
廟祀有像斯存凛
然英氣
程琳贊

十七、[宋]程琳《贊語》

手寫，紙本。縱三三·二厘米，橫二〇·四厘米。

【釋文】威震華夷，功揭天地。一代英雄，千載廟祀。有像斯存，凜然英氣。程琳贊（鈐印）。

無標題，行楷書五行，正文、款識合共二十七字。款識無紀年，署名下鈐『學士之章』白文方印，右下角鈐『子孫永傳之寶』白文方印。此印與卷内的許衡跋文、蘇軾傳文等件的右下角印相同，應是各件匯集於一處以後由收存者所鈐。

程琳（九八五—一〇五四），字天球，博野（今屬河北）人。大中祥符四年（一〇一一）舉服勤辭學科。歷知制誥、權御史中丞，知開封府。景祐四年（一〇三七）除參知政事，旋坐事黜知潁州，徙青州、大名府。皇祐初，拜同平章事、判大名府。卒後贈中書令，謚文簡。長於政事，斷獄聽訟不避貴戚。前後守大名十年，習知邊事，守禦完固。

此文較爲簡短，未見著録，從贊辭内容看，應是爲汪華遺像所寫。

十八、佚名《唐越男汪公遺像》

手繪，設色絹本。縱二八．五厘米，橫二一．二厘米。

右側有『唐越男汪公遺像』篆書七字。無款印。此畫可能在裝裱過程中揭去了絹素下原有的『命紙』，因此現存畫面已經透底。

畫幅本身繪有唐代官僚裝束人物半身像，其手持玉笏，符合文獻記載中的相關細節。畫幅絹絲較粗，描摹欠工整精緻。不過，在今存汪氏宗族文獻中，均爲明代以來雕版刻印的家族人物圖像，因此，這幅手繪畫像，對越國公汪華的無數後裔來説，不失爲一件十分珍貴的早期『祖宗像』真蹟。

4 8 8 8 10 1 9 9 9 9

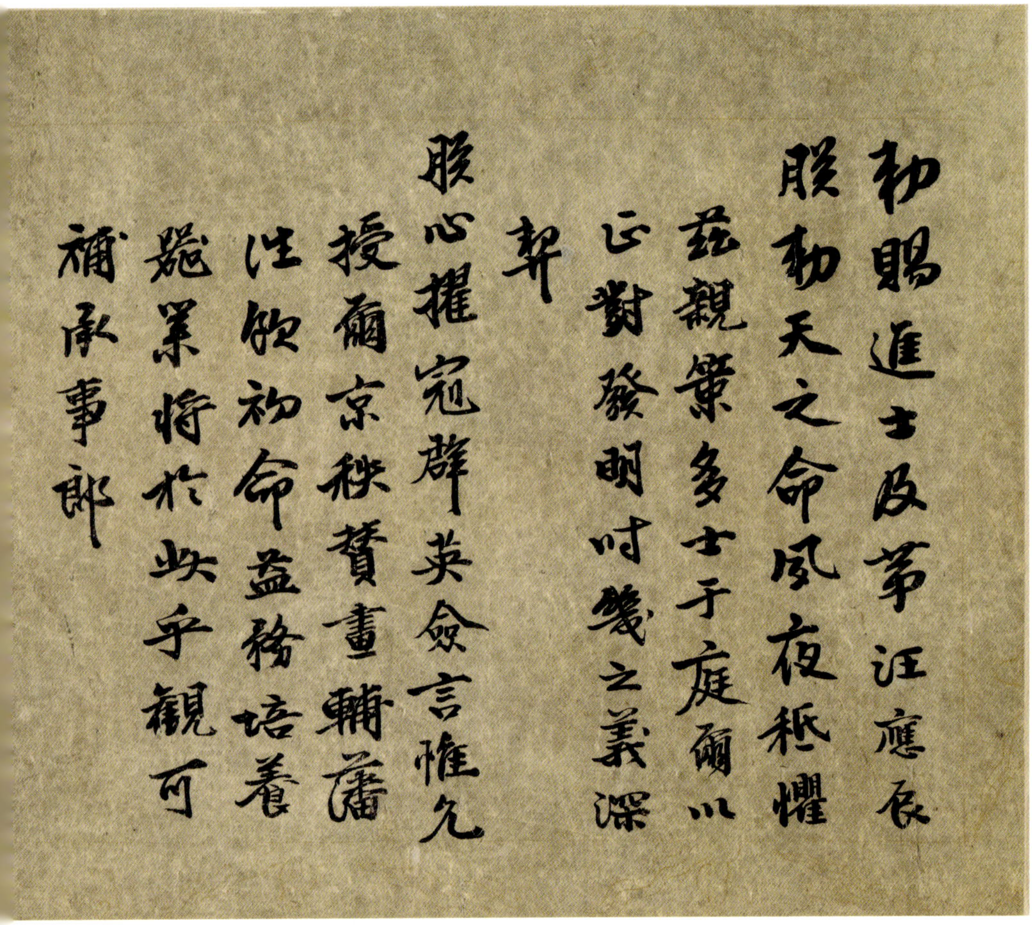
敕賜進士及第汪應辰
朕勑天之命夙夜秖懼
茲親策多士于庭爾以
正對發明時幾之義深
契
朕心擢冠群英僉言惟允
授爾京秩贊畫輔藩
往欽初命益務培養
器業將於此乎觀可
補承事郎

十九、[宋] 高宗《敕賜進士及第汪應辰》

《敕賜進士及第汪應辰》邊框內的泥金手繪雲紋圖案（局部放大）

8　7

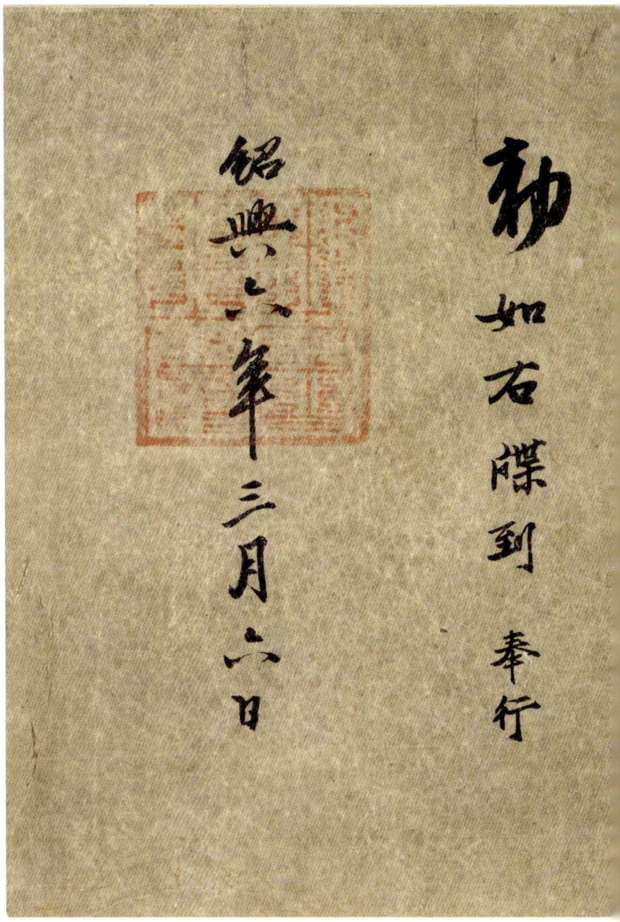

手寫，紙本。縱三七·四厘米，橫七三·五厘米。邊框四周為泥金手繪雲紋圖案，內框縱二九·八厘米，橫六九·三厘米，圖案已較模糊。

【釋文】敕賜進士及第汪應辰　朕敕天之命，夙夜秪懼，茲親策多士於庭，爾以正對發明時幾之義，深契朕心，擢冠群英，僉言惟允。授爾京秩，贊畫輔藩，往欽初命，益務培養，器業將於此乎觀。可補承事郎。　敕如右牒到奉行。　紹興六年三月六日（鈐印）。

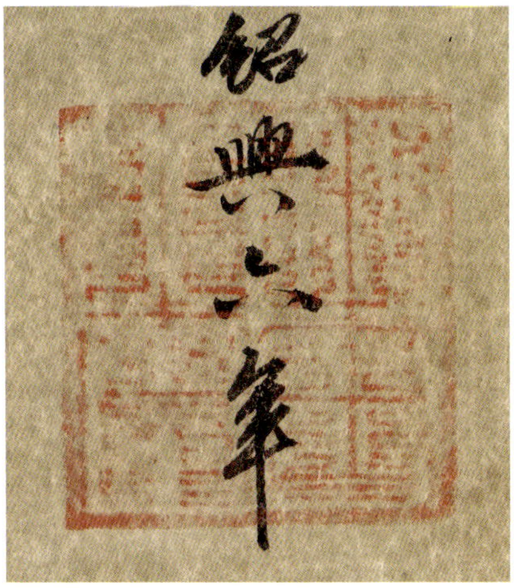

“紹興之寶”九曲篆朱文印（原大）

此件無殘損，行楷書十二行，標題、正文、年款合共九十字。紀年爲『紹興六年三月六日』，墨蹟上加蓋『紹興之寶』九曲篆朱文大方印。用紙講究，表面呈灰綠色，似塗有粉質顏料，見有龜裂紋，但紙質細膩，有韌性。

文字未見著録，從內容看，是汪應辰高中狀元後宋高宗趙構賜頒的文書，其署年時間和所用璽印，均與內容相匹配。當時此類文字的內容大體相同，惟以受文者姓名或官職不同而有小异。敕命的書法風格與本卷第二段『宋高宗《敕侍御史汪勃》』十分相似，從用筆、字形等特徵來看，當出於同一人之手。

二十、佚名《人物肖像》

手繪，設色紙本。縱二九·二厘米，横一六·三厘米。

紙質細密，韌性較好，表面已泛黄，但色澤沉穩，類似於較爲珍貴的藏經紙。紙面雖因歷年既久，已略微起毛，但無損畫面。

此畫繪者不詳，無題語。畫中人物爲宋代官員裝束，眉清目秀，微帶笑意，面容慈祥。由於畫像前即爲高宗敕文，故推測畫中人可能就是汪應辰。其畫法較之《越國公遺像》，更爲細緻精到，用色講究，朱紅官服至今鮮豔奪目，官服上原有的細筆泥金紋飾，稍有脱落，但仍清晰可見。

《人物肖像》左右肩部泥金手繪服飾圖案（局部放大）

下編　討論

文獻手書墨蹟與今存刊本記載的對勘比較

公文格式與出土文物的對應研究

名不見史傳的書法與傳世名家名蹟的時代影響

寫本紙張與古代造紙技術發展的同步關聯性認知

一、文獻内容的考察

與後世大量出現的宗譜、族譜、家譜等譜牒類書籍文獻不同，《集珍》卷匯聚了圍繞徽州汪氏若干杰出人物而産生於不同歷史時期的手寫文獻，其中既有珍貴的皇家文書，也有貴胄顯宦的墨蹟，更有多位著名文人學者的手筆。從上文的概況梳理中可以看到，作爲千百年來一直流傳於民間的家族文獻，這些文書有的見於歷代各種著録，有的已查無出處；有的即便可以找到著録文本，但與實物内容相較，也存在一些差別。根據概況簡介所反映的現象，特選擇其中部分文獻，分以下幾種情況進行考察。

（一）部分手書墨蹟與今存文獻記載基本相同

《集珍》卷中多件手寫文書的内容，在迄今所存的大部分汪氏譜書中都能找到與之相同或相似的著録。由此表明，這些文獻的内容流傳較廣，歷來爲汪氏族人所認可。

卷首的《汪氏統宗世譜之圖》及婺源、祁門二縣的《遷居名族圖》就是如此。儘管已經殘缺，但現存部分中列出的世次、人名、地名及時間段，均與後世文獻的記載基本一致。將婺源、祁門兩地的汪姓族人遷居情況，與明嘉靖間刊行的《新安名族志》有關記載逐一對照後即可看出這一情況（表一）。[一]

[一] 此書爲明代學者汪孟洴、戴廷明、程尚寬在元人陳櫟所編《新安大族志》、明嘉靖間鄭佐的《實録新安世家》的基礎上增補完善而成，刊行於嘉靖二十九年（一五五〇），此後又有增補。

表一　婺源、祁門二縣汪氏《遷居名族圖》與《新安名族志》内容對照

地名	《婺源遷居名族圖》	《新安名族志》	備注
大畈	先名鳙溪。越國公七子爽後孫曰湞，任南唐御史大夫，鎮守婺源三梧鎮。曰禮、曰中元，遂遷大畈。曰惟厚，居大畈前村；曰惟瞻，居大畈畲田；曰惟慶，居大畈後村；曰紹……時稱『畈上丈人』。	一名鳙溪。唐越國公第七子爽公十三世孫曰湞，南唐保大間守婺源三梧鎮……湞子曰中元，遂家於此。傳五世曰惟厚，居大畈前村；曰惟瞻，居大畈畲田；曰惟慶，居大畈後村。七世孫曰紹……人稱『畈上丈人』。	《志》僅言中元家於此。《正脉》所記湞子中無禮。又，《正脉》記惟厚、惟瞻、惟慶爲中元重孫。紹爲六十九世孫。《圖》以簡略而省去世次，以下各條行文中也都如此。
回嶺	……湞之後曰程，遷回嶺。	……湞之孫曰程者，始遷於此。	《圖》《志》一致。《正脉》同，其父高爲湞長子。
鳳砂	先名黄砂。曰道安，仕都虞侯鎮婺源。曰叔夏，承事郎，遷鳳砂。	又名黄砂。唐越國公第七子爽之後十二世孫曰道安，唐兵馬使都虞侯，鎮婺源；……曰叔夏，贈承事郎，始遷於此。	《圖》《志》一致。《正脉》記叔夏爲鐵佛八世孫。
官源	唐兵馬使鎮婺源，曰涓公，始遷官源。	……曰道安……其長子端遷居鳙溪大畈；曰程，復自大畈遷居回嶺；曰涓，自回嶺遷官源。	《圖》《志》基本一致。
冲山塢	曰叔斬，字道夫，仕奉議郎，遷冲山塢。	……十三世兵馬使道安公……長子曰源，謚顧公……八傳生濟，濟第三子九世曰丕，丕第四子十世曰惟良，惟良第五子十一世曰叔漸，字道夫，由太學内舍贈奉議郎，敕葬三十五都……	《圖》作叔斬，應爲俗字，《志》作叔漸，所言此人的官職與《圖》相同。查《正脉》世次表，亦作叔漸。
高安汪村	曰惟欽，自大田遷符村；曰真卿，遷高安汪村。	……爽廿一世曰惟欽……欽公十世曰省一……遂居焉，號『碧山汪氏』，是爲汪村始遷之祖。	『真卿，省一』是否同一人？待考。

（續表）

地名	《婺源遷居名族圖》	《新安名族志》	備注
五鎮	曰惟良，曰澗，遷五鎮。	惟良公次子叔通……（玄孫）曰澗老，居五鎮。	《圖》以惟良、澗并列，似爲同輩，《志》以澗爲惟良子叔通玄孫，與惟良差四輩，絶無可能同遷。《圖》所載可能是省文。
石田	曰道安，領兵守五鎮。曰惟良，遷石田。	安公九世曰惟良，由大田遷此。	《圖》《志》皆言惟良遷石田，所説一致。
符竹	曰叔像，曰滋，自石田遷符竹。	（惟）良第三子叔豫，豫子曰滋，自石田遷符竹。	像、豫，形近，恐為傳抄而异。
環珠平樂	曰京，遷開化馬金，曰致光，復居於環珠平樂。	唐御史大夫澮之孫曰京，遷開化馬金，九世曰致光……謁祖墳，墓於環珠故里，家平樂。	《圖》《志》所説一致。
武口	自都虞侯後遷德興水東，曰隆一，由水東遷武口。	……道安公後傳數世，由環珠里遷德興水東，有曰隆一，洪武初由水東遷此。	《圖》《志》所説一致。隆一爲明初人，可知《圖》成之時不會早於明初。
符村	曰願，居大鶴巢，曰惟□，□符村。	……爽公十三世孫願居大田鶴巢。二十一世曰惟欽，遷符村。	《圖》《志》所説一致。
西門	曰庸，宋太學，由環珠遷西門。	唐越國公之後諱庸，爲宋太學待補生，由環珠里始遷城西學宫之傍。	《圖》《志》基本一致。《志》以『西門』爲題，并在正文中言『城西學宫之傍』，明確了具體位置。
集賢坊	曰洵侯，曰庭祐號潛庵，曰幡然，飽學，來往講道者廣，時稱曰集賢坊。	唐越國公十三世曰道安……二十五世曰洵侯……二十七世曰庭祐，號潛庵……二十八世曰幡然，嘉定辛未進士，仕郴州推官，歸，建書樓於南溪之滸……與晦翁、王雙溪諸賢往來講道，號其居曰『集賢坊』。	《圖》《志》基本一致，《志》載更詳。

（續表）

地名	《婺源遷居名族圖》	《新安名族志》	備注
沖山	仁禮，宋池州教授，由水東遷沖山。	係出顒公，十一世曰仁禮，爲宋池州教授，由水東始遷沖山。	《圖》《志》相同，與《正脉》卷八記載一致。
石井	無記載	宋《建安知録》曰伯輝，由回嶺始遷於此，建『清泉亭』，尚書汪應辰賦之，博士胡剛作記。	《圖》無此目、文。《志》所記爲今人據後世抄本補。
井亭	……爽之後曰雅，遷井亭。	……爽後曰推，始遷於此。	雅，爽十一世孫，與《正脉》卷八記載同，《志》作推，或爲形近而异。
崇善坊	曰澄甫，平特，於端平間爲鄉薦，自梓溪遷崇善坊。	……爽之後至諱鉉者……十一世曰澄甫，端平甲午鄉薦，仕至太學生，又自梓溪遷崇善坊。	《圖》《志》的人名及其功名均一致，《志》記載稍詳。
東街	曰浚，孝義，置義田周人急，遷東街。	……爽之後宋承事郎撫幹召翰四世孫曰浚，以孝義聞，置義田以給子孫。	《志》未明言浚始遷東街。
西關	曰仲雲，遷西門；曰禔，號築庵，潛心理學。	先世居十四都武山鄉，曰仲雲，始遷於此。	《圖》《志》一致。《志》言禔爲仲雲六世孫之子。
桃墅	先居石山，至曰釗、曰深、曰浚，同遷桃墅。	先世居邑之石山，至諱釗者遷韓溪，釗七世孫曰深、曰浚，同遷桃墅。	《圖》以釗、深、浚同遷桃墅，《志》以釗七世孫深、浚同遷桃墅。
舜溪	曰靖，仗義保障；曰（湞）、曰潤，遷舜溪。	先世曰顯文，自井亭遷此，今名汪村。五傳曰靖，仗義保障……	《志》謂靖之五世祖顯文即遷舜溪，又不言湞、潤。
侯潭	先曰鐄，遷楚溪；曰寔，建炎間由楚溪遷侯潭。	……鍈九世曰寔，宋建炎初自楚溪遷此。	《圖》曰鐄，《志》曰鍈，或爲形近而异。
濾溪	……宋□□□□□□□井亭遷濾溪。	宋南渡時，曰時濟者自井亭遷此。	《圖》缺損較多，遷居者不明。

（續表）

地名	《祁門縣遷居名族圖》	《新安名族志》	備　注
北關	□□□□□徽州教授曰迪，遷□□。	先世曰迪者遷此。	《志》未言迪任徽州教授，但記迪十四世應星仕元徽州路教官事。
樸墅	文字殘缺	唐越國公長子建之十三世孫袅之後，元季曰新者由井亭遷此。	《圖》僅存目，内容已殘缺。

説明：一、分屬兩縣的村鎮以《圖》所載排序。二、《志》『婺源縣』一節又記載了『石井』汪氏的遷居情況，《遷居圖》無此記載。
三、凡《圖》與《志》所載有區别的内容，本表均參用他書求證，如明隆慶刻本《汪氏統宗正脉》，并在『備注』中説明。

據表一所列，婺源《圖》的十六條記載中，與《志》完全或基本相同的爲十條，另有兩條爲部分内容相同。祁門《圖》的十條記載中，與《志》相同者有兩處，另有三處略有所同，其餘均有差别，但從《圖》的行文看，有的是出於記載簡略而引起的世次交代不清，有的是因人名的字形、讀音相似而産生的不同，也有的是《志》的記載有誤。因此從總體上看，二《圖》所記均基本可信。

值得注意的是，婺源、祁門二《圖》在各分支始祖遷居處的地名上，均使用水性印泥鈐蓋印記（圖一），其印文因年代久遠已漫漶難辨。其中，婺源縣的汪華後人始遷地鈐有印記的共十七處，祁門縣殘卷現存鈐有印記的始遷地共九處。以往，曾有學者針對現存的明清及近代譜牒竣工刊行後分發各支派時，在該部譜書上鈐印認證的現象進行過專題研究，但從未涉及在支派始遷處鈐蓋印記的現象，由此或許表明，這一現象可能在現存譜牒文獻中已經消失。從這個層面上看，如今仍保存在婺源、祁門二《圖》上的這種現象，或許就成爲反映古代某一時期譜牒文獻中對族人遷居地予以『族中認定』的極爲難得的實證依據了，對研究古代宗族繁衍、家庭遷徙的歷史，具有直接的參

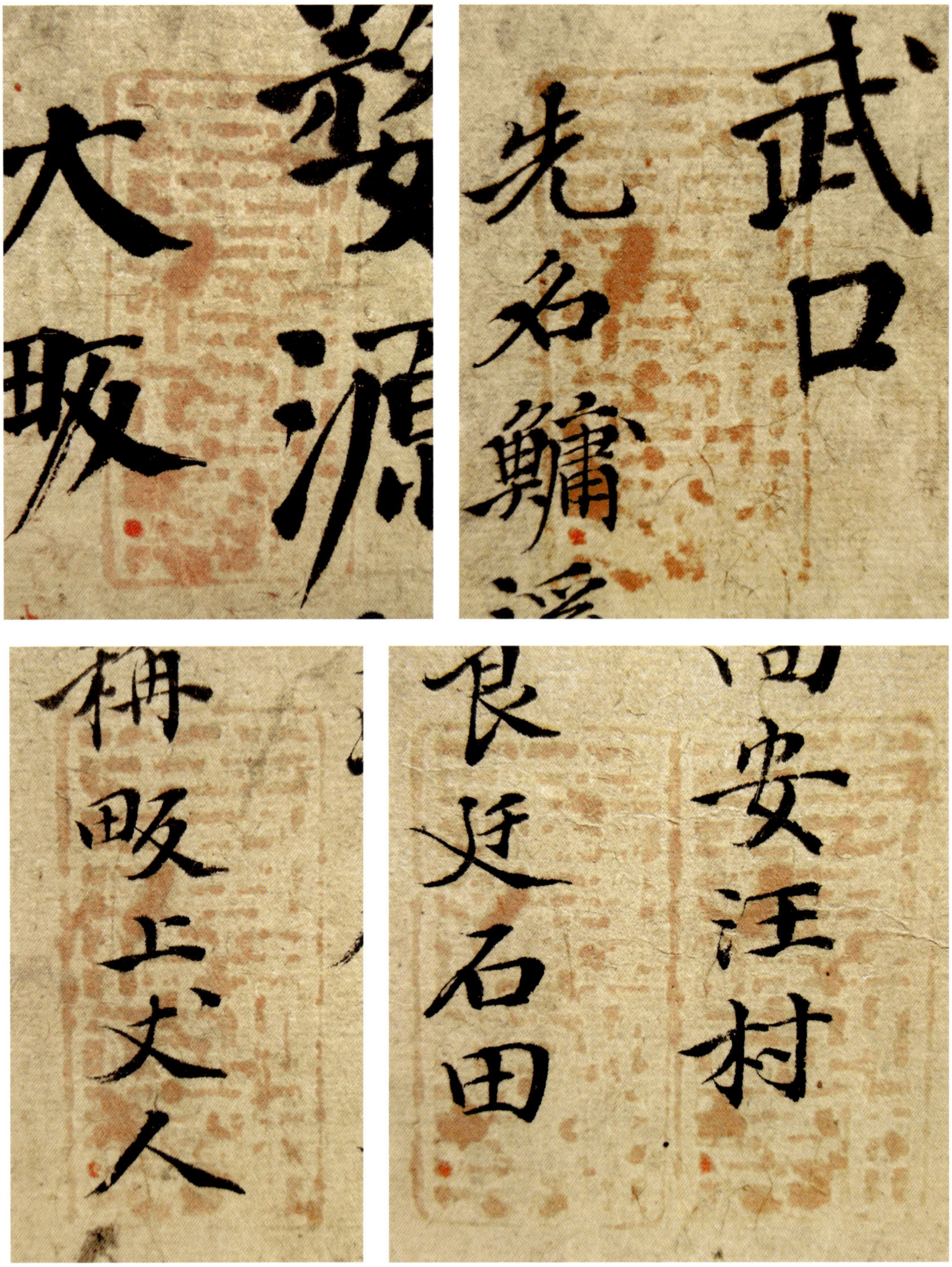

圖一　婺源、祁門《遷居名族圖》中始遷地印記選

考價值和一定的學術意義[一]，同時也證明，二圖對汪華部分後人遷居地的記載所言不虛。

宋末元初著名學者許衡（魯齋）的一篇八十餘字的跋文，篇幅不長，內容是作者對編修汪氏譜牒的意義的肯定和贊許。這篇跋文，未見於許氏文集，其他文獻中，筆者所見有三：一是美國紐約大都會藝術博物館所藏《新安汪氏譜牒》卷，其中收入一通署有許衡款的墨蹟，此文的內容與《集珍》卷的許衡跋相似，但比《集珍》卷多出文末最後一句『書此爲汪氏子孫萬世勉』。[二]再是清道光二十七年（一八四七）所刊《高林汪氏宗譜》卷首[三]，載有許衡的這篇跋文，其最後一句爲『書此以爲萬世勉云』，這與紐約大都會藝術博物館的《新安汪氏譜牒》卷又不同。三是民國十五年（一九二六）汪伯騫主持編纂的《重修汪氏族譜》卷一的前人序跋部分，其文末最後一句爲『書此以爲萬世勉云』，與《高林汪氏宗譜》相同[四]。如僅就文本而言，至少表明了這樣一個事實：許衡的這篇跋文得到了後世汪氏族人認同，《集珍》卷以外的三個文本雖在最後一句上各有差异，但并不影響全文主旨的表達。

又如宋孝宗的《敕兼知樞密院節度使醴泉觀使汪澈》。此文收録於南宋李綱《梁溪集》卷三十五，按照宋代時朝臣經常爲朝廷草擬敕書文本的慣例，這道敕文應爲李綱代擬。將墨蹟本文字與李綱《梁溪集》刊載的文本比對，可知墨蹟本篇末無『於戲！勸相我家，朕敢忘於舊德；承弼厥辟，爾無遂於退心』等句，其餘文字全部一樣。

查《宋史·孝宗本紀》及《汪澈本傳》，宋孝宗即位後，鋭意進取，力圖收復失地，汪澈作爲宋高宗舊臣，深得器重，於隆興元年（一一六三）除資政殿學士，次年知建康府，除樞密院使。這

[一] 例如，明隆慶六年（一五七二）所刊《汪氏統宗正脉》一書的『譜辯』中說：『（本書）隆慶四年四月肇工，迨十一月告成，各宗收執，并以是譜爲正。倘日前被誑所未校者，各宗相與共攻之，俾毋貽我汪之羞。幸甚！』可見當時對譜牒文本的正確性十分重視。這一傳統，也一直延續到後世。如上海圖書館所藏清同治間刊本《璠溪汪氏家譜》，也在首册卷首的書頁上鈐有一印，印文爲『同治甲子金潭中和堂尊奉憲諭考正續修璠溪汪氏家譜』，藉以認定該譜內容的正確。見該書卷一第一葉A。

[二] 此卷收入的許衡跋文，從書法特徵看，與《集珍》卷的墨蹟本有很大差別，其真僞存在很大疑問。詳見本文第三章的分析。

[三] 《高林汪氏宗譜》，清道光二十七年（一八四七）餘慶堂刊本，卷首第二十葉B。

[四] 見《重修汪氏族譜》卷一第一葉，民國十五年（一九二六）刊行。此譜收録了清中期以來蘇州地區汪氏族人世系和主要人物的傳記、言行等。

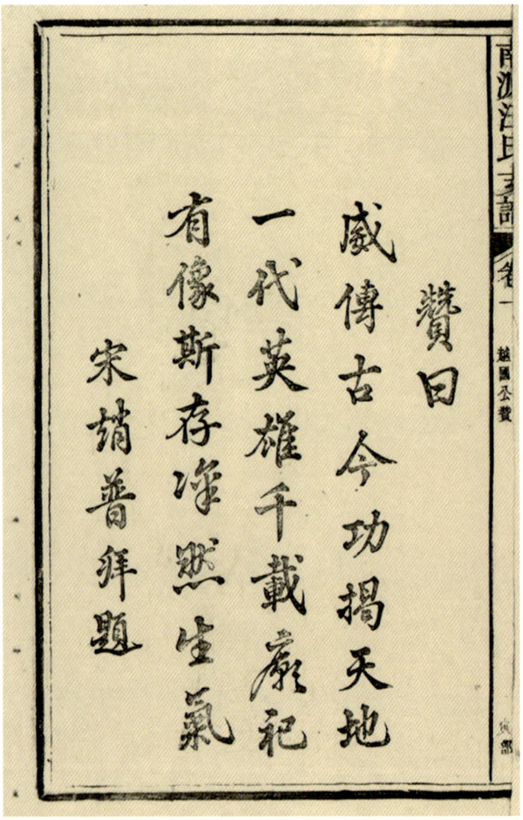

圖二　托名宋代趙普題《越國公像贊》，刊於《南源汪氏支譜》卷一第九葉B

一記載，與敕文所書汪澈的職銜相符。敕文在汪澈晚年頒布，文中所稱汪澈的職銜及所署年款，均可與今存文獻中孝宗初年的史實一一對應。

南宋名臣程琳所書的《越國公贊辭》，在後世刊行的譜書中則變換了作者。《南源汪氏支譜》於《越國公畫像》後有一篇署名爲『趙普』的版刻書蹟（圖二），其內容與程琳墨蹟有兩處不同：一爲第一句中『華夷』，趙文作『古今』；再是最後一句中的『英氣』，趙文爲『生氣』。[一]就形容汪華的人物形象及其事蹟而言，這兩處不同所體現的意思是有所區別的，仔細體會，似以程文的用詞更恰當些。

（二）同一作者、內容的早期文本與後世刊本的异同

《集珍》卷中有一類文獻，根據其作者、標題查檢，可以很方便地在後世編纂的衆多汪氏譜書中找到與其基本相同的文字。這一現象表明，該文獻在代代傳續的汪氏家族歷史上有着廣泛的影響，始終得到後世族人的重視。《集珍》卷中署名爲

[一]《南源汪氏支譜》十卷，民國二十二年（一九三三）活字本卷一第八葉B。

汪芬的《汪氏譜序》，就是這樣一篇比較典型的文字。

將此文墨蹟本與後世譜書刊録的文本逐字逐句對照後發現，兩者絶大部分文字完全一致，但僅有的幾處不同，却顯示了兩者之間存在的重要差别。

第一處差别，是墨蹟本正文第六行提及的『軒轅授籙，戰涿鹿而垂裳』一句。『授』應爲『受』。在上下文相同或相似的語境下，後世一部分汪氏譜書中的這句話與墨蹟本相同，但另有一部分不同支派編纂的譜書中，這句話則爲『后稷受籙，啓神邦於有邰』，如《平陽汪氏宗譜》[一]、《平陽郡汪氏宗譜》[二]等。平陽譜的這個文本，在其他汪氏宗譜、族譜中也多有采用。産生這一現象的原因，可能與各支派在編纂本支派譜書時，對本族早期歷史的認知不同有關。

軒轅即黄帝，是華夏之祖；后稷是黄帝的玄孫，相傳爲周人始祖。一般認爲，軒轅與后稷的生活時間相差三代。汪芬的譜序和一部分譜書既然主張軒轅是其遠祖，下半句自然要寫其率部與蚩尤部落之間進行的著名的涿鹿大戰。黄帝戰勝蚩尤後得以『垂衣而治』，華夏文明由此興起。汪芬譜序的説法，就是這一傳統觀念的延續和體現。

但是，也有部分汪姓族人希望本族遠祖應該是一位相對具體的，可以區别於他族遠祖的人物，以爲將軒轅作爲本族遠祖的説法過於寬泛，所以，即便同爲傳説中的人物，總比萬姓萬族共有一個遠祖好些。正是在這類意識的支配下，一部分汪姓支派就以黄帝的玄孫后稷爲遠祖，時間也因此下移了幾代，并順理成章地在下半句突出了有邰氏。

其實，無論是軒轅還是后稷，本來都是各種譜牒編纂者的附會，將傳説中的神話人物作爲本姓本族的遠祖，也并無多少實在的根據。到了近代，一些汪氏譜書的編纂工作在相對先進、科學的歷史觀的影響下，收録汪芬譜序時乾脆删去了這句話，既不認同軒轅，也不附會后稷。如民國年間的《南源汪氏支譜》就是如此[三]。但是，從《集珍》卷墨蹟本的存在意義來説，則爲後世認同『軒轅』爲其遠古祖先的汪姓譜書，提供了一個

[一]《平陽汪氏宗譜》，清乾隆八年（一七四三）刊，道光二十七年族人汪鴻聲據初刻本影抄。

[二]《平陽郡汪氏宗譜》卷一『舊序』，道光二十九年（一八四九）永承堂刊本卷一第一葉B。

[三]《南源汪氏支譜》十卷，民國二十二年（一九三三）活字本卷一第九葉B。

相對早期的文本來源的實物依據。

第二處差別，是墨蹟本第十行寫到汪姓始祖得姓地時所説的『食采潁川』。這個四字句，後世的部分譜書作『食采平陽』，説法與墨蹟本明顯不同。也有的後世譜書采取了折中態度，在這句話前添加了一層意思，變成『分封平陽，食采潁川』。

三種不同説法，涉及到汪氏始祖的得姓地究竟是潁川還是平陽的問題。汪氏得姓之地有潁川、平陽之争，與南宋鄭樵《通志》中提出的『以地名氏』的説法有關，從這一來源看，以平陽爲汪氏得姓地的意見，大概不會早於南宋。元代學者汪松壽，對汪姓的早期歷史頗多探究，他曾以族人身份編著《汪氏淵源録》，提出了不少有參考價值的意見。在《周魯叙系》一文中，他根據古史記載，明確贊同魯成公黑肱的次子汪是『食采地於潁川，是爲汪氏之始』，表明到了元代汪松壽所在的時期，汪氏得姓地可能已經成爲有争議的話題了。所以，汪松壽在撰寫了《平陽辯》《平陽後辯》之後，又作《潁川辯》，試圖厘清這個問題。但實際上，這個問題與軒轅、后稷之异的問題一樣，潁川、平陽之争，也不可能獲得雙方都能認可的比較統一的答案。因此，近代的部分汪氏譜書，乾脆采用了『分封平陽，食采潁川』這一折中説法，意即兩地都可以看成汪氏得姓之地。

第三處差別，是墨蹟本在第一五行下半行的『罔有斷遺』一句後，多出一段文字，記述了唐代時期第二部汪姓族譜成書的情况。這段文字爲：

（……罔有斷遺。）開元初，詔柳冲等復加刊纂，姓争之録，於是乃定柱石之宗，而我汪姓著望河西，自此聲名江左。敕旨以開元四年下，汪譜始成。因記其事，流卷遺蹟，（冀萬古流芳，千齡不朽矣。）

後世很多汪氏譜書收録的汪芬譜序中，都没有從『開元初』至『流卷遺蹟』這段話，而是在『罔有斷遺』一句後，便緊接『冀萬古傳芳，千齡不朽耳』兩句，以此結束全文。這一不同，直接導致其對唐時第二部汪氏譜書編定時間持有不同看法，認爲譜序中所説的汪氏族譜，并非成於開元四年或五年（七一六或七一七年），而應成書於唐文宗開成四年（八三九），比前一種説法晚了近八十年。今存刊行於明嘉靖十四年刊本《新安汪氏重修八公譜》和嘉靖三十年刊本《汪氏世紀》等書，均主

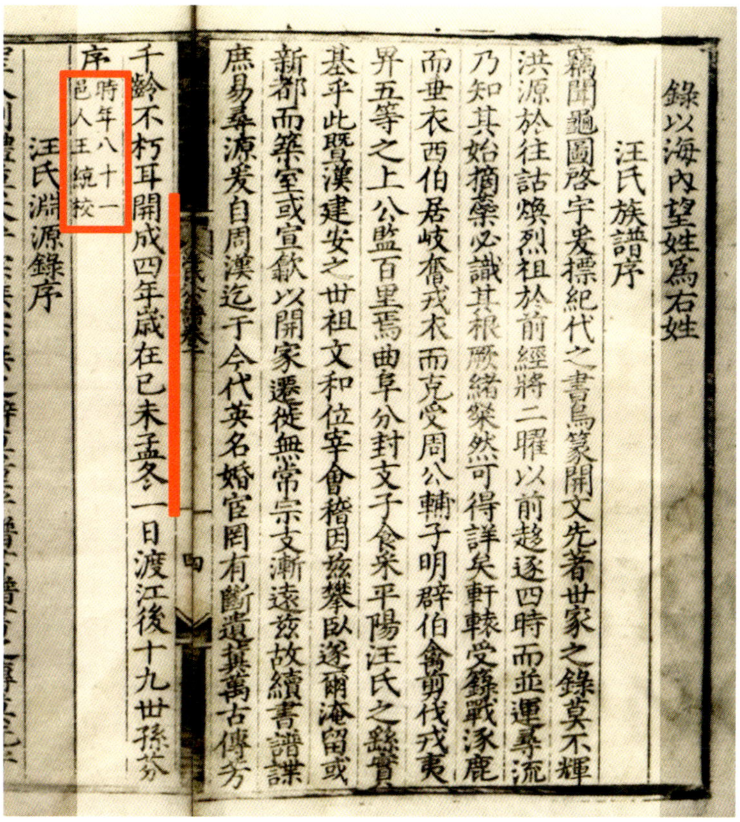
錄以海內望姓爲右姓

汪氏族譜序

竊聞龜圖啓宇爰標紀代之書鳥篆開文先著世家之錄莫不輝洪源於往詁煥烈祖於前經將二曜以前趍逐四時而並運尋流乃知其始摘葉必識其根厥緒粲然可得詳矣軒轅受籙戰涿鹿而垂衣西伯居岐奮戎衣而克受周公輔子明辟伯禽剪伐戎夷界五等之上公監百里焉曲阜分封支子食采平陽汪氏之繇實基乎此曁漢建安之世祖文和位宰會稽因茲攀臥遂爾淹留或新都而築室或宣歙以開家遷徙無常宗支漸遠茲故續書譜諜庶易尋源爰自周漢迄于今代英名婚宦罔有斷遺冀萬古傳芳千齡不朽耳開成四年歲在己未孟冬一日渡江後十九世孫芬序　時年八十一

邑人王統校

汪氏淵源錄序

圖三－一　《新安汪氏重修八公譜》所載汪芬序書影

此說。[二]（圖三－一、二）

孰是孰非，根據既有史實，唐代的第二部汪姓譜書的編定時間是可以得出大致判斷的。

[二]（明）汪尚琳編纂：《新安汪氏重修八公譜》，嘉靖十四年刊本，卷一第四葉A－B，美國國會圖書館藏；（明）汪鏜編纂：《汪氏世紀》『録』，嘉靖二十九年家刻本，第十六葉B－十七葉A，中國國家圖書館藏。

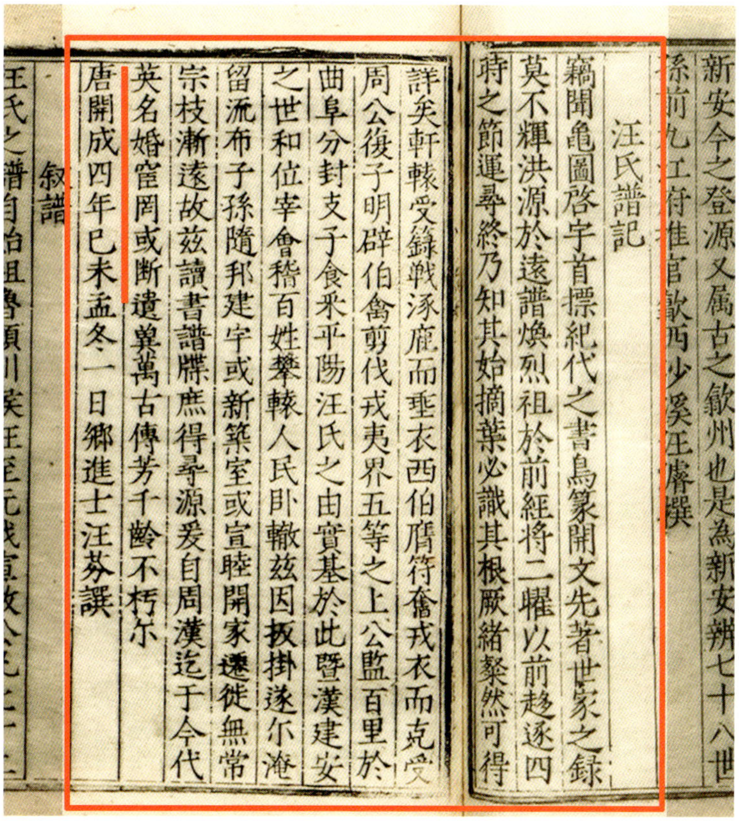
新安今之登源又屬古之歙州也是為新安辨七十八世

孫前九江府推官歙西沙溪汪[illegible]撰

汪氏譜記

竊聞龜圖啓宇首標紀代之書鳥篆開文先著世家之録莫不輝洪源於遠譜煥烈祖於前經將二曜以前趍逐四時之節運尋終乃知其始摘葉必識其根厥緒粲然可得詳矣軒轅受籙戰涿鹿而垂衣西伯膺符奮戎衣而克受周公後子明辟伯禽剪伐戎夷界五等之上公監百里於曲阜分封支子食釆平陽汪氏之由實基於此曁漢建安之世和位宰會稽百姓攀轅人民卧轍茲因扳掛遂尓淹留流布子孫隨邦建宇或新築室或宣睦開家遷徙無常宗枝漸遠故茲讀書譜牒庶得尋源爰自周漢迄于今代英名婚宦罔或斷遺冀萬古傳芳千齡不朽尓

唐開成四年己未孟冬一日鄉進士汪芬譔

敘譜

圖三－二　（明）《汪氏世紀》所載汪芬序書影

私家修譜，在歷史上曾因妄加附會，引起了各族姓之間門第高下和出身貴賤的競相攀比，不但直接影響了文人的入仕、官員的升遷，甚至牽涉到男女雙方婚嫁禮聘等問題。唐代時世家望族如要修譜，須申報官方認同纔可進行。墨蹟本在回顧這段歷史時，就是以『開元初』朝廷詔請擅長氏族研究的學者柳冲等人厘定天下姓氏郡望這一措施爲依據的。也是因爲恰逢這一機遇，汪姓族譜纔得以成書，由此成爲官方認定的家族世系，因而具有相當的權威性。

那麽，墨蹟本的説法是否可信呢？文中提到的『詔柳冲等復加刊纂，姓争之録，於是乃定柱石之宗』這句話值得注意。柳冲，唐中期著名學者，山西蒲州人。約生於唐太宗貞觀後期（六四六年前後），卒於唐玄宗開元五年（七一七）。據《新唐書》本傳記載，貞觀年間，太宗曾命諸儒撰《氏族志》。其後，世族大姓以門第出身和郡望所屬争論不休，據《唐會要》卷三十六《氏族》的記載，唐中宗神龍元年（七〇五），時任左散騎常侍的柳冲上書建議，由朝廷名義『修氏族之譜，使九圍仰止，百代承風』，中宗即命柳冲與魏元忠、張錫、蕭至忠、崔湜、徐堅、劉憲、吴競等人以『德、功、時望、國籍之家』爲原則，對原定族姓的等第品級進行修訂，事未成而不少參與者相繼去世，此事因此擱置。至唐玄宗先天初，朝廷再詔柳冲與徐堅、吴競等多人繼續開展這項工作，柳冲於先天二年（七一三）奏報，『所備《姓族録》成』，『凡二百卷』，并將此書呈送朝廷審定。此後，柳冲因年邁致仕，不久，朝廷於開元初再次『詔冲與薛南金復加刊纂』，開元二年（七一四）七月二十一日，《姓系録》一書得以最終『判定』，由此作爲各族姓的編纂譜牒的依據。

根據這一史實，墨蹟本所説的汪譜成書情況，與《新唐書》記載的柳冲主持厘定群姓工作的經歷大致吻合，僅比史書記載的時間早了兩年。可見，汪芬譜序墨蹟本的説法基本上有案可稽。

再從明代汪氏家族文獻看，也有與墨蹟本内容呼應的相關記載。隆慶刊本《汪氏統宗正脉》的卷首，列出了汪氏在唐代時四次編纂族譜之事：

> 歙州刺史上柱國越國公華，因唐太宗敕旨，編次汪氏族（譜）進，經考定，四海望族二十六姓爲國梁柱，汪實在焉。有傳有序，昭然可徵，是册至今尚存。歙縣令芬因修譜爲文，以記其實。都指揮使浚復修譜、撰傳，以考前代之不同。兵馬使道安官鎮婺源，譜存其舊。［一］

［一］《汪氏統宗正脉》『歷代修譜姓氏』，明隆慶六年（一五七二）刊本，卷首第四葉B。

這一記載，清晰地反映了唐代汪氏族譜的沿革。首次編定是由汪華於貞觀十二年按朝廷敕旨進行的，并有《上譜表》，經朝廷認同，汪姓成爲『國梁柱』二十六姓中的第六姓。第二次是由汪芬主持的，并就此爲族譜寫了序文，此文可能即爲《集珍》卷中的墨蹟本。第三次修譜由汪浚主持，對前譜内容進行了考證修訂，增加了傳記等内容，具有增修的性質。據汪氏譜系記載，汪浚字文淵，五十四世孫，博通經史，官至散騎常侍，嘗修家譜，年九十三卒。第四次爲汪道安主持，保留了前譜舊貌，依記載來看，似乎并未增加新的内容。汪道安字元振，按譜系排列爲汪氏第五十六世孫，唐宣宗大中元年（八四七）補衙前兵馬使差充婺源鎮都虞侯，是汪氏遷居婺源的始祖，年三十七卒。

從上述四次的修譜時間看，汪姓第四十四世孫汪華在初唐，第五十世孫汪芬在盛唐偏早期，汪浚爲第五十四世孫；到了汪道安增修汪氏譜時，已是晚唐時期了，而唐文宗開成年間，正是晚唐的起始階段。所以，認爲汪芬譜序中所指的汪氏族譜成於開成四年的説法，不僅無法在正史中查到依據，而且與當事人的生活時代也有較大偏差。

此外，根據幾位原與修譜相關的當事人的大致生活時期先後，再來看墨蹟本與部分汪譜對成書時間上的另一處不同。贊同第二部譜書編成於開元四或五年的汪芬譜序，文末款識中均無紀年，墨蹟本的款識是『渡江裔孫汪芬謹叙』。渡江，即指汪氏第三十一世孫汪文和於漢末建安年間遷居會稽之事，按譜系，汪芬爲汪氏渡江後第十九代孫，所以自稱『渡江裔孫』，也即第五十世孫。主張譜成於開成四年的序文款識中，不僅有明確紀年，有的文本的署款還直接寫上了汪芬作序時的年齡，其中有幾種近代文本的署款資訊相當『完整』：『開成四年歲在己未孟冬一日，渡江後十九世孫汪芬。』另有小字夾注兩行：『時年八十一。邑人王統校。』[一]似乎這樣一來，這一説法就成爲板上釘釘的事實了。

依此時間上推八十一年（古人將出生那年即記爲一歲），汪芬應生於唐肅宗乾元二年（七五九）前後，這樣，汪芬就無論如何不可能在開元四年或五年編纂汪譜了。但是，對照汪芬、汪浚、汪道安三人先後修譜的時間，則出現了新的矛盾。如果

[一] 如《汪氏族譜》，民國十年（一九二一）永思堂刊本，見此譜卷一第十二葉A。另有民國十五年（一九二六）刊行的（蘇州）《汪氏族譜》也是如此。

譜系對汪浚、汪道安二人的世代輩分排列和事略記載不誤的話，那麽，從汪芬編譜的八三九年到汪道安『年三十七卒』之間的十餘年中同一家族連續有三次修譜行爲，就顯得比較牽强了。

墨蹟本汪芬譜序中多出的這段文字，曾爲後世整理、研究汪氏譜書的學者所注意。在上海圖書館收藏的一部《汪氏族譜》近人鈔本中，有人在主張汪譜成書於開成四年的序文文本的頁眉補録了這段話（圖四）：

開元初，遍徵天下譜牒，考覆族望，詔柳冲等復加刊纂，柱石之鎮，於是乃定，而我汪氏著望河西，故姓氏自此聲馳江左。敕旨以開元五年四月八日下，而吾譜適成。因記其事於卷端，冀萬古傳芳，千齡不朽耳。〔一〕

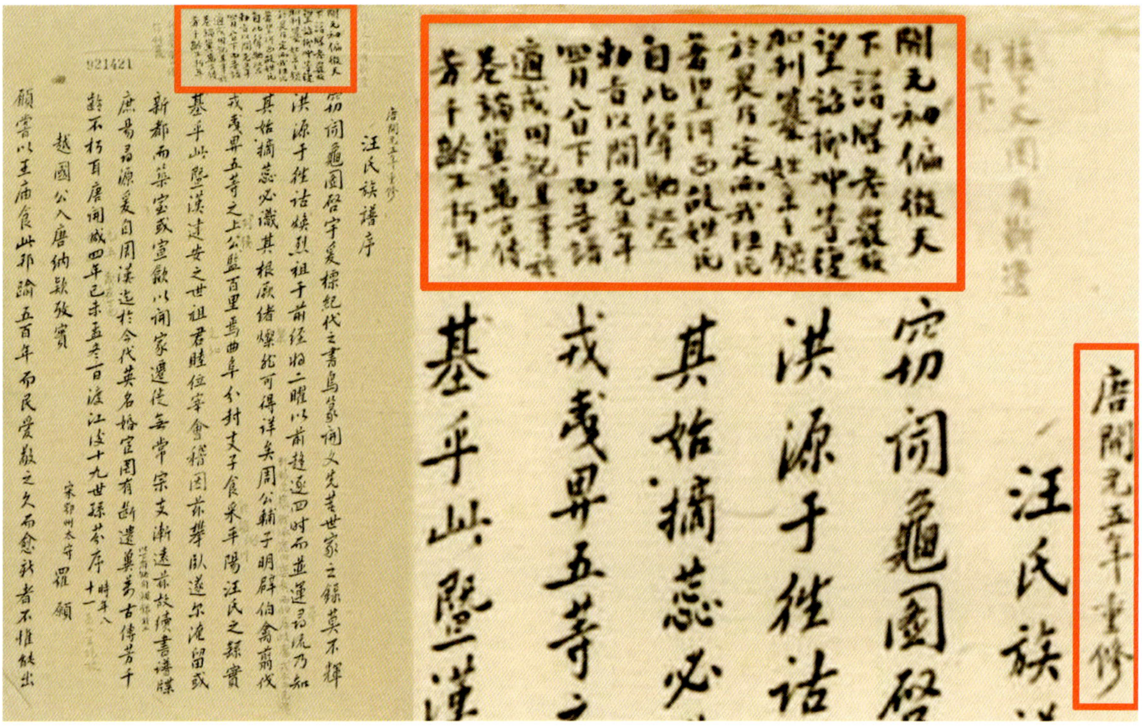
921421

唐開元五年重修

汪氏族譜序

開元初徧徵天下譜牒考覆族望詔柳冲等復加刊纂柱石之鎮於是乃定而我汪氏著望河西故姓氏自此聲馳江左勑旨以開元五年四月八日下而吾譜適成因記其事於卷端冀萬古傳芳千齡不朽耳

竊詞龜圖啓宇爰標紀代之書鳥篆詢文先著世家之録莫不揮洪源于往詁綿烈祖于前經泊二曜以前越逖四时而並運君流乃知其始摘蕊必識其根原緒燦然可得詳矣周公輔子明辟伯禽薦伐戎夷畀五等之上公監百里焉曲阜分封支子食采平陽汪氏之録實基乎此暨漢建安之世祖君睦位宰會稽因亦舉臥遂爾流留或新都而築室或宣歙以詢家遷徙無常宗支漸遠兹故續書譜牒庶易尋源爰自周漢迄於今代英名婚宦固有斷遺冀芳古傳芳千齡不朽耳唐開成四年己未孟冬百渡江後十九世孫芬序 時年八十一

越國公入唐納款考實

宋鄂州太守 羅願

顧嘗以王庙食此邦踰五百年而民愛敬之久而愈於者不惟能出

圖四 《汪氏族譜》近人鈔本書影及其補録頁眉。上海圖書館藏

〔一〕此鈔本藏書號爲九二一四二一，共五三葉，未署書名，不分卷，亦未標明葉次。除了首頁有『上海圖書館藏書印』外，無其他收藏印鑒。書中收録了與汪氏得姓以後至第四十四世汪華相關的早期譜表、敕令、札子，以及一世至四十四世的譜系，首篇爲汪芬的《汪氏譜序》，次篇爲南宋羅願的《越國公入唐納款考實》。鈔本中用鉛筆所寫的夾注、眉批甚多，匯集了不少散見於今傳汪譜中的史料，應是近人根據歷代多種汪氏譜書資料在校讀時所爲。遺憾的是，這些資料未標明出處，也不知道標注者爲何人。

這段文字與《集珍》卷墨蹟本譜序比對，有個别字句不同，其重要區别是：墨蹟本所説的『汪譜適成』，頁眉補録批中則爲『吾譜始成』。這個『吾』字按狹義看，可理解爲『我編纂的』；從泛指看，可釋讀爲『汪氏族人編纂的』。所以，此字的不同又涉及這部汪氏譜的編者是誰的問題。按《汪氏統宗正脉》列出的唐代汪譜修纂的歷史，第二次修纂是由汪芬完成的，所以，此處使用『吾』字雖然應該説更準確些，但墨蹟本形成在前，鈔本葉眉補録依據的來源并不明確，從文本的可靠性來説，當以墨蹟本爲準。據《汪氏統宗正脉》記載：『五十代文秀，字焕章，唐開元初作譜，乃叙其事於篇首。寶應壬辰授績溪縣令，年五十四卒，葬縣東龍鬚鄉西山下。娶張氏，字行濬、行節。』[一]汪芬譜名文秀，這一記載與墨蹟本所述的『譜成』時間是基本相符的。

根據上述分析，在同樣署名爲『汪芬』的譜序中，這部早期族譜應是編纂於『開元初』，而非『開成四年』。由此也表明，早期文獻與後世不同支派編纂的譜書在一些重要問題上存在的不同認知，實與各自掌握的史料是否準確有關。

[一]《汪氏統宗正脉》，明隆慶四年（一五七〇年）刊本，卷八第六葉B。

（三）今存汪氏譜牒中未見著録的文獻是否可信

《集珍》卷中有多件未見於今存汪氏譜牒中著録的文獻，其中，序跋類文獻二件：第四件俞獻卿跋、第五件程卓《汪氏族譜序》。人物傳記類文獻三件：第九件黄葆光《唐越國公神傳》、第十二件趙汝愚《端明學士汪公傳》、第十六件蘇軾《唐越國汪公傳》。贊辭類文獻三件：第十件程元鳳《題贊》、第十五件羅願《贊語》、第十七件程琳《贊語》。

一、未見著録的序跋。俞獻卿和程卓均無文集存世，兩人的序跋也都未明確指出其内容針對的是汪氏族人何人何時編纂的哪一部譜書。由於早期譜書已滅失，這些序跋未能爲後世汪氏譜書收入，是可以理解的。

不過，也有汪氏譜書未收而被他姓譜書使用的，程卓的《汪氏族譜序》就是如此。此序闡發宗、族、人三者大義，言簡意賅，頗爲深刻，經檢索文獻，發現此序曾被余姚張氏改換了姓氏稱謂後，成了北宋大畫家李公麟爲余姚張氏家族先人的肖像所寫的一篇叙文，以顯榮耀。如光緒十年張謙、張震祥《姚江歷山張氏宗譜》和民國五年張振鷺《姚江三墻門張氏宗譜》。這兩種張氏譜書，均稱是根據創修於南宋理宗寶慶年間（一二二五—一二二七）由兵部尚書張浤以魏公手輯本爲藍本修撰的。卷首有宋理宗玉璽，并録有宰相鄭清之（一一七六—一二五一）、資政殿學士兼四川制置使余玠（？—一二五三）和龍圖閣學士禮部尚書李公麟宋人序言三篇。這類在譜書中借當朝名人的聲望爲本族拉擡身價的現象，在古代譜牒文獻中不在少數，且不説作爲著名畫家的李公麟是否有能力撰寫出這樣的文字，單以其名聲而言，當然比程卓要大得多。所以，將程文改頭换面，也算是拉大旗作虎皮的一種手段了。

二、未見著録的人物傳記。其中兩篇寫越國公汪華，還有一篇是宋宗室趙汝愚爲南宋名臣汪應辰所撰。趙汝愚無文集傳世，其内容是否可信？經檢索，在正史記載中發現了與此文有密切關聯的文字。

《宋史》有《汪應辰傳》，全文洋洋灑灑近三千字，以汪應辰由進士入仕後的歷次職務升遷貶謫經歷爲主幹，比較詳細地記述了他的從政經歷和其間發生的重要史實。然而，將趙汝愚這篇僅二百六十三字的小傳與《宋史》本傳比對後，却發現了一個有意思的現象。詳見表二：

表二　趙汝愚《端明學士汪公傳》與《宋史》本傳文句内容對比

汪應辰任職時間	趙汝愚《汪公傳》原句	《宋史·汪應辰傳》文句摘録	兩文相似度
紹興五年	紹興五年進士第一，授鎮東軍簽判。	紹興五年進士（第一人，）……（乃）授鎮東軍簽判……	部分相同
紹興八年三月	召爲秘書省正字。	召爲秘書省正字。	完全相同
紹興九年五月	通判建州，遂請祠以歸。	……（出）通判建州，遂請祠以歸。	完全相同
不詳	（無）	通判袁州……	趙文缺
紹興二十年五月	通判静江府，……	通判静江府……	完全相同

汪應辰任職時間	趙汝愚《汪公傳》原句	《宋史·汪應辰傳》文句摘録	兩文相似度
不詳	繼差通判廣州，……	繼差通判廣州……	完全相同
紹興二十六年至三十一年	召爲吏部郎官，遷右司，……	……（明年，）召爲吏部郎官，遷右司。	完全相同
不詳	出知婺州。	……（乃）出知婺州。	完全相同
紹興二十九年十二月	除秘書少監，遷權吏部尚書，……	除秘書少監遷權吏部尚書。	完全相同
紹興三十二年六月在職	權户部侍郎兼侍講，……	權户部侍郎兼侍講……	完全相同
端平元年	連乞補外，遂知福州。	……（應辰）連乞補外，遂知福州。	完全相同
乾道四年在職	升敷文閣（直學士）	……（未幾，）升敷文閣待制。	不同
乾道初在職	爲四川制置使，知成都府，……	……（乃）以敷文閣直學士爲四川制置使，知成都府。	部分相同
乾道四年十一月	除吏部尚書，尋兼翰林學士并侍讀，……	除吏部尚書，尋兼翰林學士并侍讀。	完全相同
不詳	請外，得衢州。	（……應辰）請外，得衢州。	完全相同
乾道六年四月（一説八月）	以端明殿學士知平江府。韓玉被旨揀馬過郡，公簡其禮。玉歸，譖之於上，曰：『臣所過州〔縣〕，未有若平江之不治者。』	以端明殿學士知平江府。韓玉被旨揀馬過郡，應辰簡其禮。玉歸，譖之於上，曰：『臣所過州縣，未有若平江之不治者。』	略有小异
	連貶秩，力疾請祠。自是卧家不起矣。以淳熙三年二月卒〔於〕家。應辰接物温遜，遇事特立不回，流落嶺嶠十有七年，檜死，始還朝。剛方正直，敢言不避。	（……事上，）連貶秩，力疾請祠。自是卧家不起矣。以淳熙三年二月卒於家。應辰接物温遜，遇事特立不回，流落嶺嶠十有七年，檜死，始還朝。剛方正直，敢言不避。	完全相同

汪應辰任職時間	趙汝愚《汪公傳》原句	《宋史·汪應辰傳》文句摘録	兩文相似度
	好賢樂善，出於天性，尤篤友愛。嘗以先疇遜其兄衢，雖無屋可居，不顧也。子逵，繼登進士第，仕至端明殿學士。	好賢樂善，出於天性，尤篤友愛。嘗以先疇遜其兄衢，雖無屋可居，不顧也。子逵，繼登進士第，仕至吏部尚書、端明殿學士。	略有小异

説明：一、本表所列汪應辰的歷任官職，均爲趙汝愚所撰小傳和《宋史》本傳〔見（元）脱脱等撰《宋史》卷三八七《列傳第一四六》〕中的原句。二、汪應辰任職或在職時間，主要依據宋代的馬端臨《文獻通考》、李心傳《建炎以來繫年要録》、李燾《續資治通鑒長編》、陳騤《南宋館閣録》、徐自明《宋宰輔編年録》、洪遵《翰苑群書》、徐夢莘《三朝北盟會編》等，元代的脱脱《之宋史》、陳桱《通鑒續編》等，明代的王圻《續文獻通考》、楊士奇《歷代名臣奏議》等，清代的徐乾學《續資治通鑒後編》、嵇璜等《續通典》等相關記載整理。三、墨蹟本略殘，方括號内文字爲本文作者據上下文意思補充。

從表二可知，經兩文對照，《宋史》本傳所列汪應辰一生擔任過的十八項本兼職務中，與趙文「完全相同」的共十二項，「部分相同」或「略有小异」的共五項，完全不同的僅一項；趙文漏記者一項。本傳結尾處，自「以端明殿學士知平江府」起至全文結束共二三〇字，其中有一三四字的文句與趙文一致，趙文所缺的只是追述汪應辰曾師從胡安國等研習理學并得到呂祖謙等大儒的稱贊等事，以及汪應辰去世前的職務中少了「吏部尚書」（此前已記録過）。不僅如此，如將表中列出的趙汝愚所撰小傳内容加上開頭的「公諱應辰，字聖錫」七字連起來，就是汪應辰小傳的全文。從《宋史》本傳的内容來看，凡趙文未述及者，絶大部分是記述汪應辰任職期間所經歷的具體事件，包括他的政績、與朝中權臣的矛盾等等。可見，趙文由不同時期的不同職務構成，本傳則以汪應辰任職爲經，以任職期間的具體政績和人事關係爲緯構成。這一現象，可以爲兩篇傳文究竟是誰借鑒誰的問題提供參考答案。

其一，假設《宋史》本傳撰成流布在前，後人冒用趙汝愚之名編寫汪應辰小傳時，便會按照現成文本逐一使用或改寫，但不會遺漏傳主的任職經歷；反之，如果趙文撰成在前，本傳就極有可能會參考此文的基本框架，再根據檔案補充與此相關的其他內容，同時還會利用其他資料補充或訂正參考文本的不足，例如補充人物經歷中的重要缺漏，糾正前傳内容的某些失誤等等，這些工作，都是後撰之文必須要做的，也是當兩篇文字類似時判斷孰先孰後的主要依據。如果此説成立，趙文的撰寫就應該在《宋史》本傳之前了。

其二，本傳中記述了紹興五年（一一三五）十八歲的汪應辰高中狀元後，破例獲得了御賜手書《中庸》的殊榮。此事經明朝學者朱明福在《史糾》卷五中的考證，因廷試出色而獲得御賜手書《中庸》的事，早在北宋仁宗的天聖年間就有過了，天聖元年（一〇二三）的狀元王堯臣纔是廷試第一獲賜御筆手書《中庸》的第一人。此事對於褒揚汪應辰聲名應該有很大作用，但在趙汝愚的小傳中并無記載，這是因爲，趙汝愚本人就是宗室，熟稔本朝掌故，完全知道應該怎麼處理這類事；《宋史》本傳的作者却因没有這樣的閲歷，以致出現了失誤。所以，從本傳的這個史實偏差中也可推測，趙汝愚所撰的汪應辰小傳，很可能就是《宋史》本傳的大綱。

趙汝愚手寫本，通篇用行楷小字，書法遒麗沉穩，毫無做作之感，體現了日常書寫的風格特徵。從文末紀年和所署官職來看，在一一八三年，時趙汝愚四十三歲。查《宋史·孝宗本紀》淳熙十二年』的記載，『五月……辛卯，福州地震。詔帥臣趙汝愚察守令、擇兵官、防盜賊』，時趙汝愚正在福建路安撫使任上，與此文寫作時間和所任官職完全相合。

黄葆光、蘇軾的兩篇未見於著録的汪華傳記，是汪華逐漸被神化的具體反映。其中既有可證諸史實的部分，如對汪華武裝割據過程的描述，也有當時已廣泛流傳於民間的傳説，如他出生時的『香霧覆室三日』和少年時代的『每栖山椒，常有雲氣』，『遇風雨』，『獨華公身不霑沐』之類。這種情況，在古代的人物傳記中時有所見，所以無須苛求。

蘇軾的《汪華傳》，如要在時間上找到其符合史實的合理性，應該與其弟蘇轍貶官出任徽州績溪知縣有關。此件的紀年爲『元祐二年三月上浣』，即宋哲宗即位改元後第二年的仲春，這正是蘇軾、蘇轍兄弟二人仕途受挫的階段。從元豐二年（一

○七九）十二月起，蘇軾因『烏臺詩案』遭貶斥長達六年，到元豐八年（一〇八五）十月，神宗詔旨蘇軾還朝參政，元祐元年（一〇八六）哲宗即位後，蘇軾自起居舍人升爲翰林學士，因在參與制訂朝制時保留了部分已被廢除的舊法，引起朝中新黨官員的反感，蘇軾爲擺脱窘境，多次上書改任外官，但未得到哲宗允許。

同一時期，蘇轍也受其兄的牽連，先由著作佐郎、簽書應天府判官改爲監筠州鹽酒税務，五年後，於元豐七年（一〇八四）調往比較富庶的歙州任績溪縣令，算是降恩赦罪的一種表示。次年十月，蘇轍從績溪縣令任上應召回朝，由原來的從八品校書郎升任正七品右司諫，自此結束了貶官經歷。

蘇轍在績溪爲官的實際時間不到一年，明代文獻中載有他到任後因當地傷寒疫情流行，便以一縣之長的身份拜謁當地奉爲神明的汪王廟，并留下了兩篇文章（圖五）。其一爲《謁王廟》：

轍以不才，忝臨民社。謹因舊禮，拜謁祠下。神仁愛民，恭率神意。不敢不勉神，亦時節風雨，驅除癘疫，以佑相我治。謹告。

其二爲疫情稍退後的《病愈謝王》：

神有功於斯民，世享廟祀。轍來長是邑，即神舊邦。蒙神之休，雨暘以時，稼穡大熟；賦役畢具，獄訟衰少。才短政拙，何以獲此？意由僥幸，以致疾痢寒熱爲虐，下逮兒女，更相播染，卧者過半。迄兹痊損，自夏及秋，中間禱禳，神不厭瀆，率保康乂，皆神之恩。兹用恭致薄禮，以謝不敏；敢告驅除瘴癘，時節風雨，使民不告病，而吏與蒙貺。[一]

從蘇轍在績溪縣任職期間對汪華的尊崇來看，蘇軾因此而爲汪華撰寫傳記予以頌揚，無論從邏輯上看還是就情理而言，都存在很大的合理性。因此，蘇軾此文對其現存文集内容的充實而言，也就具有一定的參考意義了。

蘇軾的文集，在宋代就有多種刊本，最早的是南宋邱曄的《經

[一]《汪氏世乘録》卷九『祭文』，第一葉A，明嘉靖間刊本。

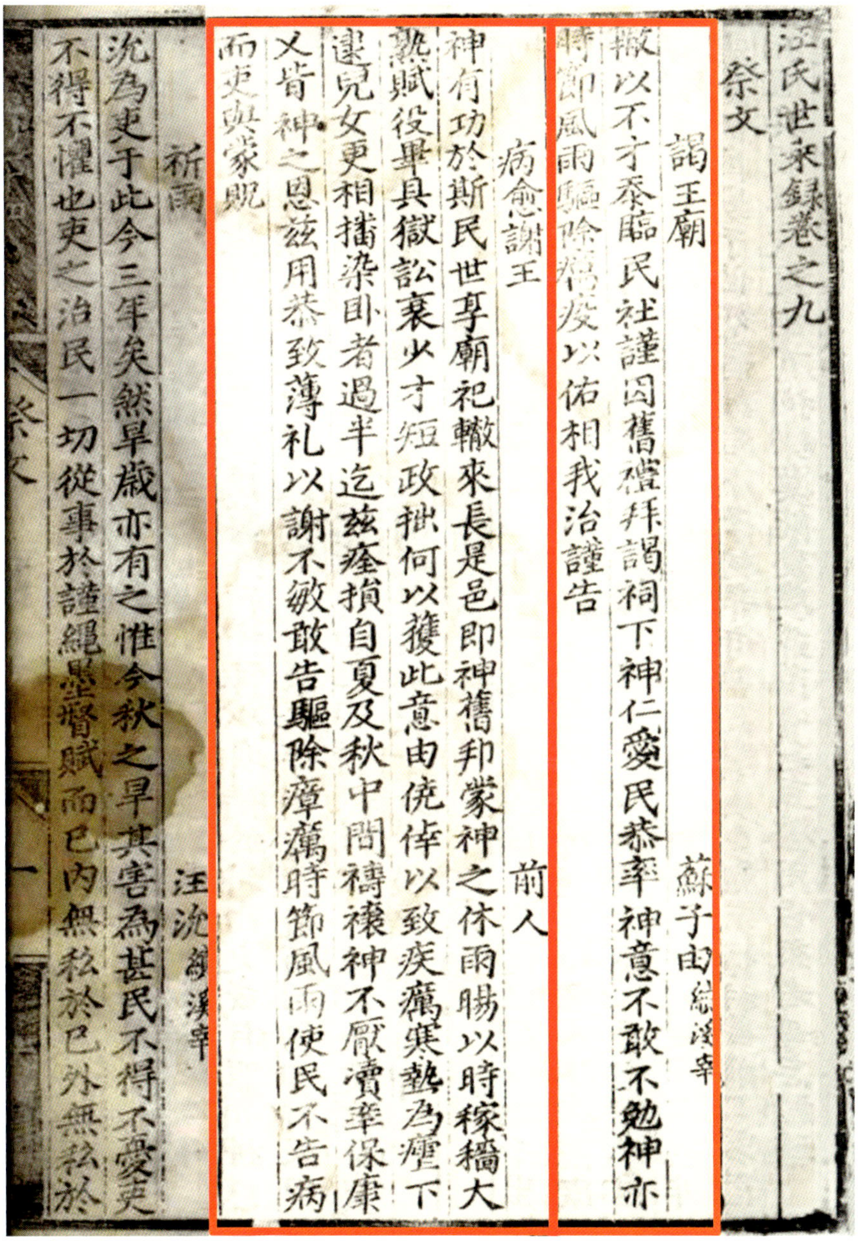
汪氏世乘録卷之九

祭文

謁王廟　蘇子由

轍以不才忝臨民社謹因舊禮拜謁祠下神仁愛民恭率神意不敢不勉神亦
時節風雨驅除癘疫以佑相我治謹告

病愈謝王　前人

神有功於斯民世享廟祀轍來長是邑即神舊邦蒙神之休雨暘以時稼穡大
熟賦役畢具獄訟衰少才短政拙何以獲此意由僥倖以致疾癘寒熱為瘧下
逮兒女吏相播染臥者過半迄兹痊損自夏及秋中間禱禳神不厭瀆卒保康
乂皆神之恩兹用恭致薄礼以謝不敏敢告驅除瘴癘時節風雨使民不告病
而吏與蒙貺

祈雨　汪沆

沆為吏于此今三年矣然旱歲亦有之惟今秋之旱其害為甚民不得不憂吏
不得不懼也吏之治民一切從事於謹繩墨督賦而已內無私於己外無私於

圖五　嘉靖刊本《汪氏世乘録》卷九所載蘇轍兩篇祭文的書影

進東坡文集事略》六十卷，但只是選本，很多文章失收了。明代有茅維的《蘇文忠公全集》七十五卷本（收録文、詞兩類），後爲中華書局《蘇軾文集》七十三卷本所沿用。茅氏刊本雖名曰『全集』，但缺漏的文章仍有不少，故點校者在書後附上其所輯《蘇軾佚文匯編》一文，後世的點校者也只是盡其所見加以匯編罷了，完全談不上完整收録。蘇軾身後又有幾種詩文全刊本，宋時有《東坡集》《東坡後集》等；明代有成化四年刊《蘇文忠公全集》，其中包括：《東坡集》四十卷、《東坡後集》二十卷、《奏議集》十五卷、《内制集》十卷另附《樂語》一卷、《外制集》三卷、《應詔集》十卷、《東坡續集》十二卷及《年譜》一卷。據今人的專題研究，今存的這些文集或詩文全刊本，無一能够做到收羅殆盡。蘇軾的《唐越國汪公傳》墨蹟長期庋藏民間，從原件紙張的保存情況看，幾乎無損，表明其極少展示於人，這很可能也是此文未能收入文集的重要原因。至於其書法墨蹟是否蘇軾手寫，見智見仁，又當別論。

（四）三通宋代朝廷敕旨的内容真實性

三件南宋朝廷敕旨，一件是敕頒汪勃的，缺少後半段，敕頒時間不詳；兩件完整，一爲高宗紹興六年（一一三六）三月六日敕頒汪應辰，一爲孝宗乾道元年（一一六六）十二月十五日敕頒汪澈。

高宗褒獎汪勃的敕文稱汪勃爲『侍御史』，據汪勃的從政經歷，他擔任侍御史一職的時間很長，在今存的多種宋人著述中均可找到與此相關的記載。其中，以祝穆的《方輿勝覽》卷五十一的記載時間最早，爲紹興十年（一一四〇），徐自明《宋宰輔編年録》卷十六中記載汪勃在侍御史任上的時間最晚，是在紹興二十五年（一一五五）。也就是説，汪勃擔任侍御史這個職務，至少長達十五年之久。其他各種著述的記載，分別在紹興十四年、十五年、十八年等。據此推算，這道敕文的下頒時間即在這一時段，若結合敕文中提及汪勃政績，以及文中所引《易·師卦》上六爻辭、象辭語録的用意來看，則可推測是汪勃在秦檜死後被朝廷重新起用的時期。

宋時，皇帝下頒敕旨，多指定朝中某位官員負責撰寫文本，文本中只寫敕旨情由、處理辦法，下頒後文本留在宮中，以供有類似需要時再次使用。如果下次遇到同樣或類似情況需要再次頒旨，就將這一的文本換個人名、官職，或對其中個別文句稍作調整。

所以，同樣或類似的敕旨文本常會在不同時期、針對不同人物重複使用。高宗下頒汪勃的敕旨内容，與蘇軾《東坡全集》卷一〇八所載《王岩叟可侍御史》一文基本相同，也就是説，敕旨的文本應爲蘇軾所撰，後在敕頒汪勃時，將文本中的受旨人姓名替换掉，再添加頒布時間、加蓋當朝御印後下發。蘇文寫王岩叟的『樂於從善』一句，在汪勃的敕文中改成了『樂於爲政從善』。王岩叟是北宋神宗、哲宗時期的著名諫臣，經常尖鋭批評朝廷官員的種種不端，雖時時得到皇帝的稱贊，但也因此得罪了不少人。汪勃從政階段，正是秦檜利用權勢把持朝政之時，他因屢屢反對秦檜的專斷昏聵，與其産生了很大矛盾，這一點，與王岩叟頗爲類似。高宗沿用蘇軾所撰文本作爲敕頒汪勃的文書，大概正是出於這一原因。汪勃在朝中時，也曾代筆爲朝廷寫過這類文本。如宋人張擴《東窗集》卷十三《撰制》中，收録了三篇以《御史臺檢法官制》爲題的制文，其中就有汪勃起草的一篇。[一]

卷中第十四件宋孝宗《敕兼知樞密院節度使醴泉觀使汪澈》，原有文本收録在南宋名臣李綱的《梁溪集》卷三十五。兩者對比，《集珍》卷的敕文比李文少了文末的『於戲！勖相我家，朕敢忘於舊德；承弼厥辟，爾無遂於遐心』這幾句。查《宋史·孝宗本紀》及汪澈本傳，孝宗即位後，鋭意進取，力圖收復失地，汪澈作爲高宗舊臣，深得器重，於隆興元年（一一六三）除資政殿學士。宋人李幼武所撰《宋名臣言行録別集（上）》卷三所載汪澈小傳中説：汪澈於『乾道初召知密院，升樞使』。這一記載，與敕旨紀年和汪澈時任職銜完全對應。『乾道初』一般指皇帝使用這個年號的頭幾年，年號沿用的時間越長，『初』的時間跨度也相對較長，反之則只有一兩年。宋孝宗乾道年號沿用了九年，所謂『初』，應該就僅指乾道元年、二年。《集珍》卷中的孝宗敕旨紀年爲『乾道元年十二月十五日』，符合記載中所説的『初』的這個時間段，表明敕文内容可信。

宋高宗紹興六年《敕賜進士及第汪應辰》一文，同樣可在現存宋人文獻史料中查到相似文本。宋人張孝祥《於湖集》附録《宋官誥八道》所載《初補承事郎授鎮東僉判誥》、方中《蛟峰外集》卷一所載《初補承事郎授平江僉判誥》，分別是針對張孝祥、方中進士及第後『可補承事郎』的敕旨，前者爲紹興二十四年（一一五四）敕頒，後者爲淳祐十一年（一二五一）

[一]（宋）張擴《東窗集》卷十三，第十四葉，《四庫全書珍本初集》集部『別集類』，商務印書館據四庫全書文淵閣本影印。

敕頒，但敕旨文字基本相同。對照敕頒汪應辰的一篇，在『爾以正對發明』一句後，敕汪文和方《集》中的一篇爲『時幾之義』，張《集》中的爲『師友淵源之義』。此外，張《集》在『贊畫輔藩』後的一句爲『此我朝待掄魁彝典也』，方《集》則與給汪應辰的敕文相同，都没有這句話。張《集》和方《集》的兩道敕旨的敕頒時間相隔了近一百年，前者在南宋前期，後者在南宋末年，而朝廷沿用現成文本作爲敕旨内容的慣例一直没有改變。

再從這道敕旨的紀年和汪應辰進士及第後的任職情況來看。汪應辰進士及第是在紹興五年（一一三五），敕旨紀年爲『紹興六年三月六日』，中間相隔一年或幾個月。『承事郎』在宋代官制中屬於文職散官，元豐三年（一〇八〇）後設，以此取代過去的大理評事，爲文官的第二十三階，後改爲第二十九階、正八品，可參與朝政，一般授予狀元。據《宋史》本傳記載，由於汪應辰殿試出色，深得高宗贊賞，不僅賜名『應辰』，而且『欲即除館職』，將他留在朝中任職。但大臣趙鼎提出，應當『令歷外任，養成其材』，這纔授予汪應辰『鎮東軍僉判』的職務。從汪應辰開始，此例成爲南宋朝進士及第後的任職慣例，凡是殿試第一人，均不立即任命爲朝官，而是先充當外官，如履職表現符合要求，待一年半載之後再召回朝中任職。可見，敕旨的頒布時間與汪應辰從進士及第到授職承事郎的這一過程對照，正好符合史書的記載，這也從另一個角度爲敕旨内容的真實可靠性提供了佐證。

就上述四個方面涉及的個案來看，《集珍》卷中的部分墨蹟文本，與後世刊布流傳的文本相比，無論或异或同，還是或有或無，都有一個共同的特徵，即基本符合現有文獻所記載的歷史事實；不僅如此，那些内容稍异的墨蹟本内容，較之後世刊行的文本更符合歷史邏輯，這一特徵，對我們判斷這些珍貴墨蹟是否可信，提供了很有參考意義的依據。

二、《武德四年硃筆詔書》若干問題的考察

從唐代中期以來，經過歷代朝廷和地方官府的不斷敕封加持，曾在隋朝末年以武力割據一方的徽人汪華，已由一位有功於地方的真實的『人』，逐漸升格爲徽州汪氏家族人人尊崇的『神』。《集珍》卷中的唐高祖武德四年敕封汪華爲越國公的詔書，因其内容事關汪華是否曾受封越國公的問題，故有必要將其獨立出來專門考察。考察的角度，一是内容，二是樣式，三是書法，以此三個方面，爲判斷其真實性提供必要的參考依據。

按詔書的賜頒署年，是在唐武德四年（六二一）九月二十二日，距今已是一千四百年有餘，通篇文字以硃墨書寫，色澤厚實，帝號和紀年處鈐『内府之寶』九曲篆書朱文大璽，使用的是周邊有疑似雕版印刷朱紅色雲龍紋飾的蔴紙。在《集珍》卷中，此件的紙面保存狀態最差，不但有大片酥化破損，還能明顯看出經過好幾次反復揭裱的痕蹟。目前的現狀爲，紙面因年代久遠，顏色泛黄，因纖維酥化而破損的面積約佔全紙的四分之一。筆畫上沉積紙面的硃砂較爲厚重處已氧化爲深褐色。重複揭裱也使有些硃砂色較薄的筆畫已明顯澹化，以致現存不少文字筆蹟漫漶模糊，另有部分文字已經缺失。

但是，這些視覺層面的表象及其主要由時間和保存狀況而引起的物理變化，只能作爲判斷這件文獻實物是否具備真實性的輔助性參考，厘清其内容、行文格式、書法特徵等關鍵問題，纔是有助於對其真實性作出合乎客觀事實的判斷的實質性工作。

（一）汪華受封爲越國公是否確有其事

在《舊唐書》《新唐書》和《唐會要》等記載唐代歷史最重要的正史中，只記載了隋末唐初汪華武裝割據等比較簡短的事實，却隻字未提唐高祖曾經敕封汪華爲越國公一事，更未提到爲此敕頒詔書；同時，正史也没有爲這位『越國公』立傳。今存其他的唐代史籍中，也找不到這方面的内容。因此，有些研究徽州地方史的學者撰文，認爲汪華受封之事應屬後世的附會，并認爲两宋期間朝廷屢屢向汪華及其神廟賜頒各種封號，是利用了徽州民間對汪華的信仰，不斷將其神化所致，目的是

爲了穩定地方社會統治。[一]

然而，歷史真相也許并非如此。

應當承認，在無法從今存唐代正史和同時代其他典籍裏獲得有關汪華受封的確切記載的前提下，附會一説有其合理之處，但也應該看到，唐代去今已久，同時代史籍散佚之多，難以估算，因此，保存在去唐未久的稍後史籍中的相關記載，也應該具有重要的佐證、參考意義。

從北宋初年形成的文獻中看到，按照最保守的判斷，汪華在其家鄉所在地民間所具有的廣泛影響，至少在唐代中後期已經形成，并早已在汪華的故鄉建有紀念性祠廟。成書於北宋初年的《册府元龜》中記載：

> 九月甲子，僞吴王汪華以黟、歙五州之地來降。華，隋大盗汪寶權之族子也，大業末爲山賊，有兵一萬。至是，拜歙州總管，封越國公。[二]

《册府元龜》從宋真宗景德二年（一〇〇五）開始編纂，作爲一部大型的史料匯編，此書最爲突出的價值，是收録了宋以前很多已經失傳的史料，其中尤以唐、五代史料爲精華，對隋唐時期的正史類典籍有很高的校勘價值。此書記載的汪華受封一事，雖無細節，但已經爲汪華受封一事提供了重要佐證。

比《册府元龜》編纂早近十年成書的《文苑英華》，更收録了晚唐五代時人汪臺符的一篇《歙州重建汪王廟記》，文中明確記載了汪華受封事和汪王廟自貞觀末年建成以來的各時期沿革：

> 武德四年，高祖下制曰：汪華往因離亂，保據州郡，鎮静一隅，以待寧晏。識機慕義，遠送款誠，宜從褒寵。授以方牧，可使持節歙、宣、杭、睦、婺、饒等六州諸軍事……貞觀二十三年……得父老請建祠堂在廳之西；大曆十年，刺史薛邕遷於烏聊東峰；元和三年，刺史范傳正又遷於南阜，即今廟是也；中和四年，

[一] 參見陸再奇《地方史志中汪華事蹟的『六大疑點』》，《宣城歷史文化研究》第一一一六期。

[二] 見《册府元龜》卷一六四『帝王部·招懷第二』。

刺史吴公圓克荷冥應，復新棟宇。[一]**（下略）**

汪臺符，歙人，汪華後裔，博學善文，曾助五代吴王楊溥的部屬徐知誥處理政事，後因遭同僚嫉妒，溺水而亡。他不僅幾乎全文照録了唐高祖敕封汪華爲越國公詔書的文本，還提到了早在太宗『貞觀二十三年』，當地民衆即已有爲汪華建祠堂之請。此文在南宋人王象之的《輿地碑記目》中也有提及，其卷一『徽州碑記』載有『《越國公廟記》』之目，篇名下有『唐汪臺符文，在歙縣』的小注。顯然，此目所指，就是汪臺符撰寫的《廟記》，只是標題與《文苑英華》不同罷了。

根據《文苑英華》所録，《廟記》的紀年爲『壬戌十二月十一日』，即唐昭宗天復二年（九〇二年十二月底至九〇三年一月初），時在晚唐末年。汪臺符雖爲汪華的後裔，但他如果僅憑鄉里傳説而無其他實證，就在文中引用唐高祖詔書的話，那就是杜撰本朝開國皇帝的僞旨，這對於一個普通文人來説，似乎也太大膽了，何况其文字還被勒碑留存，豈非大逆不道？文中梳理的汪王廟兩次遷址、一次修葺的情况時，既有明確的時間，也有主持人姓名，事實俱在，一一分明。其中，汪臺符撰寫《廟記》的時間僅比吴圓在中和四年（八八四）主持修葺汪王廟的時間晚了十八年，汪臺符如果憑空臆造，豈能爲那些尚且在世的當事人所容忍？此外，《廟記》中提到的前後幾任歙州刺史『薛邕』『范傳正』『吴圓』，均可見於史傳，實非寂寂無名之士。

查《新唐書》本傳，薛邕，河中寶鼎（今山西永濟）人，字公和。宰相薛元超曾孫，肅宗至德二年（七五七）進士，代宗大曆二年（七六七）出任禮部侍郎，遷吏部侍郎。八年（七七三），遭同僚劾，貶爲歙州刺史，大曆末爲宣歙觀察使，有惠政。[二]宋人史籍也記載：『唐宣歙觀察使薛邕《去思頌》，唐崔巨撰、裴業分書并篆額，大曆十四年八月五日建。』[三]范傳正，《新唐書》本傳記載，德宗貞元十年（七九四）進士，位居探花，授集賢殿校。此後歷任殿中侍御史、比部員外郎、歙州刺史，憲宗元和四年（八

[一]《文苑英華》卷八一五『祠廟（下）』。汪臺符在《廟記》中引述的高祖制文，與《集珍》卷硃書有三處不同，如文中的『保據州郡』，硃書作『保據州鄉』；『識機慕義』，硃書作『識機慕化』；『宜從褒寵』，硃書作『宜從褒襲』，但這些差别基本上不影響詔書内容的主旨。

[二] 參見《新唐書》卷七十三表《第十三·宰相世系（三）》『薛氏』條。

[三]（宋）陳思：《寶刻叢編》卷十五《江南路·宣州》引《復齋碑録》。

〇九）八月轉湖州刺史。[一]吳圓的資料不多，僅知道他於僖宗中和四年（八八四）繼替李曜接任歙州刺史，至光啓三年（八八七）離任。[二]

以上梳理表明，汪臺符《廟記》中引用的唐高祖詔書，應有所本；文中提及的相關人物及其部分職務，都可與史實一一對應，并無差池。由此來看，唐高祖下詔，汪華受封之事，并非如一般認爲的那樣無稽，兩宋朝廷屢次爲汪華加封名號，也許的確有其爲了穩定地方社會的政治目的，但并不是無中生有地利用了鄉民的附會，而是在前朝的既有事實基礎上，沿襲乃至强化了這一形式。所以客觀地説，今存唐代正史中没有與詔書内容對應的記載，或僅有汪華武裝割據而無受封賜銜的記載，并不影響對汪華曾經受封爲越國公一事真實性的認定；换言之，歷史真相不能因爲無法在很不完整的同時代文獻中找到依據就輕易抹殺。

（二）詔書行文格式中的兩個問題

其一，詔書使用『奉天承運皇帝』的稱號，是否表明詔書爲後世僞造？

詔書首句有『奉天承運皇帝詔曰』八字的表述形式，通常認爲，在皇帝前冠以『奉天承運』一語的，爲明太祖朱元璋所創，明清兩代悉皆沿用。果真如此嗎？有必要作一考訂。

君權神授，皇權天授，是古代中國帝王沿用已久的觀念，查史料可知，將此四字作爲皇帝稱號的事實，并非始於明太祖，恰恰是在比明朝早八百多年的唐代就已經出現了。

唐代帝王爲了鞏固李氏家族的政治統治，或出生入死，建功立業，或品格高尚，主動讓賢的皇族嫡系成員不在少數，他們因病或因故去世後，在位的皇帝爲了追念其功勛，往往會給予等同於皇帝的名號，并爲其建廟紀念。這一措施，固然有利於安撫王室，穩定統治，但也造成了在位皇帝的權威受損，因此到中唐以後，就逐漸廢止了。宋人王溥編纂的《唐會要》卷十九『讓皇帝廟』中記載：

開元二十九年十一月辛未，太尉寧王薨，追謚曰讓皇帝；又追贈妃元氏爲恭皇后。立廟於京城啓夏門内立政坊，廟制如德明，四時有司行事。……今睿宗、

[一] 參見《新唐書》卷一百七十二《列傳第九十七》。
[二] 《全唐詩》卷七六八，收録了李、吴二人的贈答詩。

> 玄宗既已祧去，又文敬等七太子，其中亦有追贈奉天承運皇帝之號，皆已停廢，則讓帝之廟不宜獨存。

這段記載中除了提到寧王李憲去世後被玄宗追謚爲『讓皇帝』的謚號外，還提到了爲已逝皇親『追贈奉天承運皇帝之號』的事實。文中所指的『七太子』『亦有追贈奉天承運皇帝之號』，就是指唐中期两位李氏宗室去世後追贈皇帝稱號的事。查舊、新《唐書》，都記載了唐玄宗長子李琮去世後，唐肅宗於即位之初（七五六）追贈他爲『奉天皇帝』稱號之事。這两種官修史書還記載，唐肅宗次子、建寧王李倓被誣陷致死後，於代宗大曆三年（七六八）被追贈爲『承天皇帝』（《唐會要》的記載爲『承運皇帝』）。

毫無疑問，『奉天承運皇帝』這一稱號，很符合古代帝王以因應天命、順承時運而立國的觀念，但在其尚未成爲皇帝稱號專用語的定制之前，由於漢語中足以表達這類意思的詞匯很多，因此，不同時期的帝王根據自己的偏好或具體情況而使用不同的詞匯，就是一件很正常的事了。唐高祖立國未久，正逢汪華這樣稱霸一方的武裝力量率衆歸附，實爲求之不得，那麽，敕封詔書中使用『奉天承運皇帝』這樣的稱號，也許更符合在特殊階段，針對特殊事件而頒布的詔書，由此彰顯順應天命、安撫民心的政治需要。以此來看，《集珍》卷硃筆詔書中的起首句用語實有其相當的合理性了，只是唐代并未將這一特殊用語固定下來，這纔讓明代的朱皇帝獲得了『發明』這一稱號的『專利』。

其二，列名於詔書正文後的宣頒官員究竟是幾人？

迄今所存元代以來的各種汪氏譜牒，凡涉及越國公汪華，都將這道詔書的内容收録其中。不過，將今存汪氏譜牒所録的詔書文本與《集珍》卷中的硃筆詔書進行比對時，却發現两者最大的不同，是詔書文本後列出的與詔書的宣頒、封號施行等事宜有關的官員人數。經檢索數十種今存汪氏譜書，無論何支何派，無論通譜、宗譜還是族譜、家譜，只要涉及越國公汪華一支的譜書，在引用這道詔書時，相關官員無一例外的都是六人，其姓名、職掌也都一樣（圖六-一、二）。他們是：

> 中書令上柱國宋國公周瑀　宣
> 中書侍郎上柱國清原縣開國公
> 中書舍人開府儀同三司顔師古　奉行

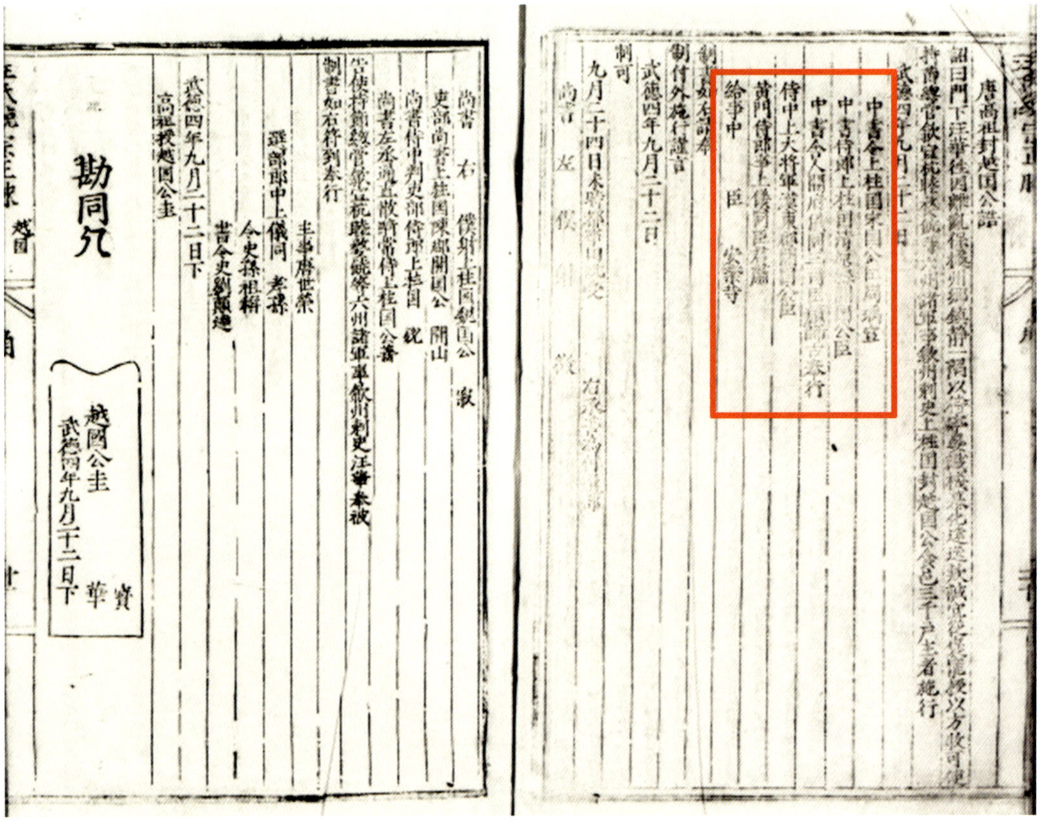

唐高祖封越國公誥

詔曰門下汪華往因離亂保[illegible]州鄉鎮靜一隅以待寧晏識機慕化遠送款誠宜從[illegible]授以方牧可使持節總管歙宣杭睦婺饒等六州諸軍事歙州刺史上柱國封越國公食邑三千户主者施行

武德四年九月二十二日

中書令上柱國宋國公臣周瑀宣

中書侍郎上柱國[illegible]公臣

中書舍人開府儀同三司臣顔師古奉行

侍中上大將軍漢東郡開國公臣

黃門侍郎事上儀同臣君肅

給事中 臣 安業等

制書如右請奉

制付外施行謹言

武德四年九月二十二日

制可

九月二十四日未時都事由甿受 右丞善爲付選部

尚書 左 僕 射

尚書 右 僕射上柱國魏國公 寂

吏部尚書上柱國陳郡開國公 開山

尚書侍中判吏部侍郎上柱國 就

尚書左丞通直散騎常侍上柱國公善

告使持節總管歙宣杭睦婺饒等六州諸軍事歙州刺史汪華奉被

制書如右符到奉行

主事唐世榮

選部郎中上儀同 孝孫

令史孫祖稱

書令史劉顔達

武德四年九月二十二日下

高祖授越國公主

勘同九

越國公主

武德四年九月二十二日下 寶 華

圖六-一 《汪氏統宗正脉》卷一著録的武德四年詔書（明隆慶六年刊本，上海圖書館藏）

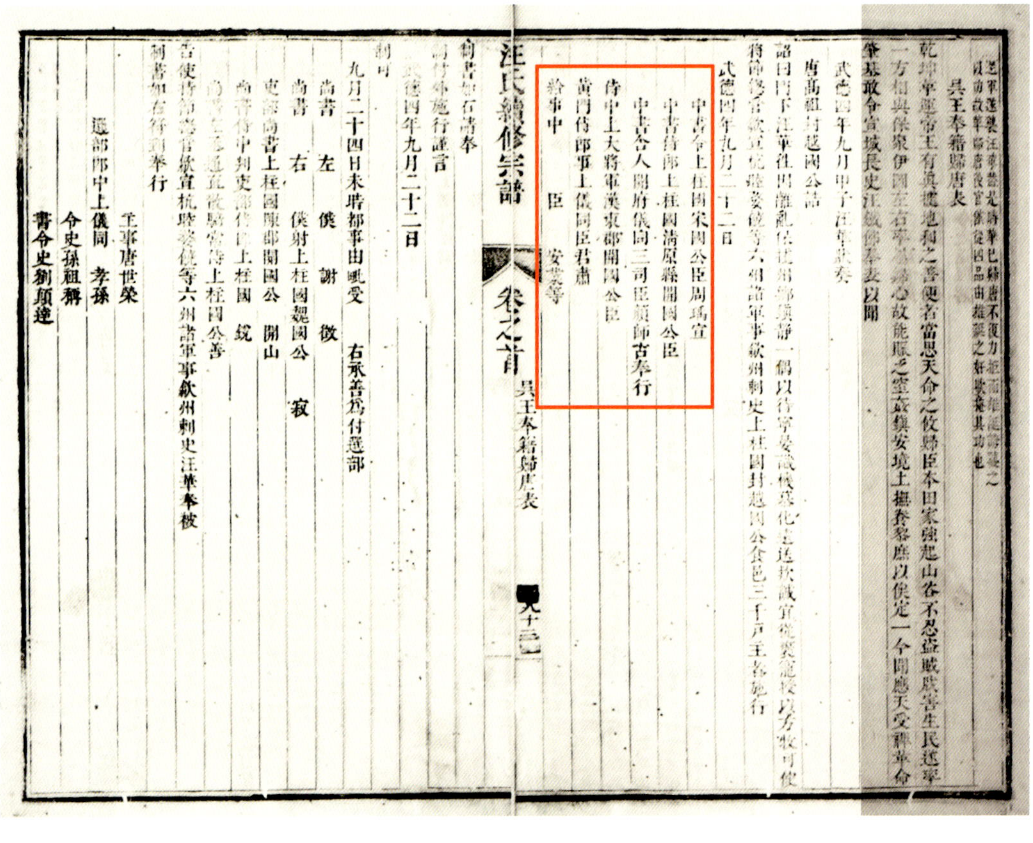

吳王奉籍歸唐表

乾坤革運帝王有[illegible]天命之攸歸臣本田家強起山谷不忍盜賊戕害生民迺率一方相與保聚伊因左右[illegible]心故能[illegible]鎮安境土撫養黎庶以俟定一今聞應天受禪革命肇基敢令宣城長史汪鐵佛奉表以聞

武德四年九月甲子汪華拜表

唐高祖封越國公誥

詔曰門下汪華往因離亂保[illegible]州鄉鎮靜一隅以待寧晏識機慕化遠送款誠宜從[illegible]授以方牧可使持節總管歙宣杭睦婺饒等六州諸軍事歙州刺史上柱國封越國公食邑三千戶主者施行

武德四年九月二十二日

中書令上柱國宋國公臣周瑀宣

中書侍郎上柱國清原縣開國公臣

中書舍人開府儀同三司臣顔師古奉行

侍中上大將軍漢東郡開國公臣

黃門侍郎事上儀同臣君肅

給事中 臣 安業等

汪氏續修宗譜 卷之首 吳王奉籍歸唐表 九十三

制書如右請奉

制付外施行謹言

武德四年九月二十二日

制可

九月二十四日未時都事由甿受 右丞善爲付選部

尚書 左 僕 謝 微

尚書 右 僕射上柱國魏國公 寂

吏部尚書上柱國陳郡開國公 開山

尚書侍中判吏部侍郎上柱國 鋭

尚書左丞通直散騎常侍上柱國公善

告使持節總管歙宣杭睦婺饒等六州諸軍事歙州刺史汪華奉被

制書如右符到奉行

主事唐世榮

選部郎中上儀同 孝孫

令史孫祖稱

書令史劉顔達

圖六-二 《汪氏續修統宗譜》卷首第九十三葉著録的武德四年詔書（清康熙二十六年刊本）

侍中上大將軍漢東郡開國公臣
黄門侍郎事上儀同臣君肅
給事中臣安業等

不過，《集珍》卷硃筆詔書對宣頒官員的記録却是這樣的：

中書舍人上柱國臣周瑀　宣
黄門侍郎□□同臣君肅
誥敕房□□□中臣安業等　□行

名單中只有三人，缺今存各種汪氏譜牒所共有的『中書侍郎上柱國清原縣開國公、中書舍人開府儀同三司顔師古、侍中上大將軍漢東郡開國公』三人。後人研究汪華事績時，均依據現存歷代譜牒舊籍中的記載，采用六人宣頒施行的説法。考諸史籍，唐人李肇《翰林志》（不分卷）記載：『初，國朝修陳故事，有中書舍人六員專掌詔誥。』一般認爲，史籍中記載一朝或一代歷史時所説的『初』，是指立國最初的三五年之内；如用於某個年號的階段，即指啓用這一年號的頭一兩年或三四年。《翰林志》是記載唐代中期以前翰林院制度最早、最完整的一部著作，《四庫全書》在收入此書的『提要』中説，『言翰林典故者，莫古於是書』，還説『其記載賅備，本末粲然，於一代詞臣職掌最爲詳晰』，可見是非常認同的。如此看來，汪氏譜書中著録的六人之數，應該是由來有據的了。

其實不然。詔書在敕頒時的執行官員究竟是六人還是三人？弄清這一細節，對鑒别《集珍》卷硃筆詔書的真實性大有幫助。

一九七二年三四月間，陝西省文管會、昭陵文管所在清理醴泉縣唐昭陵臨川公主墓時，發現了兩件石刻，其中一件，鎸刻的是貞觀十五年（六四一）正月十九日唐太宗册封其第十二女爲臨川公主的詔書全文。由於此墓早年被盗，墓室已被攪亂，因此，石刻小有斷裂，但文字基本保存完整。石刻文字共分三個部分，一是詔書正文及其宣頒官員，二是認可詔書存檔的官員名録，三是詔書批轉官員名録。石刻中的前八行文字，是頒發給臨川公主敕封詔書的全部内容，屬於這道敕封文書的正本，由門下省根據皇帝旨意起草、書寫後，奉命向受封者宣頒。文

後列出的宣頒者官職、爵位、姓名及其宣頒職掌，無一缺損。[一]

圖七－一、二中的紅綫框内的宣頒官員姓名、職掌分別爲：

中書令駙馬都尉安德郡開國公臣楊師道 宣

兼中書侍郎江陵縣開國子臣岑文本 奉

朝散大夫守中書舍人臣馬周 行

貞觀十五年距武德四年僅二十年，太宗登基後，某些宮廷制度因改善朝政而有所變化，但公文制度及其形式并無改變，并至少沿用到唐高宗時期。臨川公主墓同時出土的另一塊石刻，是唐高宗永徽元年（六五〇）敕頒臨川公主封號的詔書[二]，正文後所列傳詔官員的人數、職掌，與貞觀十五年時所列格式完全一致，只是姓名不同而已。陝西漢唐石刻博物館藏有一件高宗咸亨三年（六七二）册封紀王李慎第六女爲歸順縣主的詔書石刻拓片，所録宣頒官員同樣也是三人。將紙質詔書用石刻形式長久保存在墓主的陵寢中，并非唐代皇室成員死後的常見陪葬物，這幾件有幸保存至今的實物，爲揭開《集珍》卷中硃書與後世典籍轉録的文本宣頒人數不同的謎團，提供了有力證據。

圖七－三、四中紅綫框内的宣頒官員姓名、職掌分別爲：

中書令河南縣開國公臣褚遂良 宣

朝議大夫守中書侍郎臣柳奭 奉

朝議大夫守中書舍人臣來濟 行

圖八－一、二中紅綫框内的宣頒官員姓名、職掌分別爲：

中書令博陵縣開國子臣閻立本 宣

太中大夫行正諫大夫兼檢校中書侍郎臣崔知悌 奉

朝議郎行太子文學中書舍人内供奉臣郭正一 行

由以上三件實物來看，武德四年硃筆詔書中列出的宣頒官員人數及其職掌，包括其排列次序，完全符合唐前期朝廷的詔

[一] 參見陝西省文管會、昭陵文管所：《唐臨川公主墓出土的墓誌和詔書》，《文物》一九七七年第一〇期第五〇—五九頁。

[二] 唐高宗敕頒臨川公主的封號，其實際頒授時間因宫廷政爭而推遲到近二十年以後的總章二年，即六六九年。

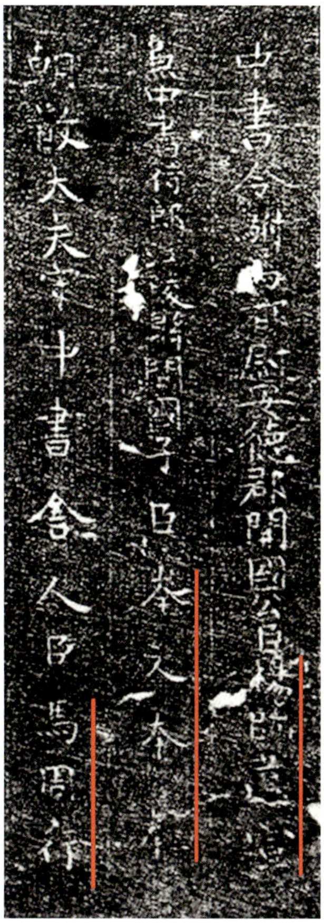

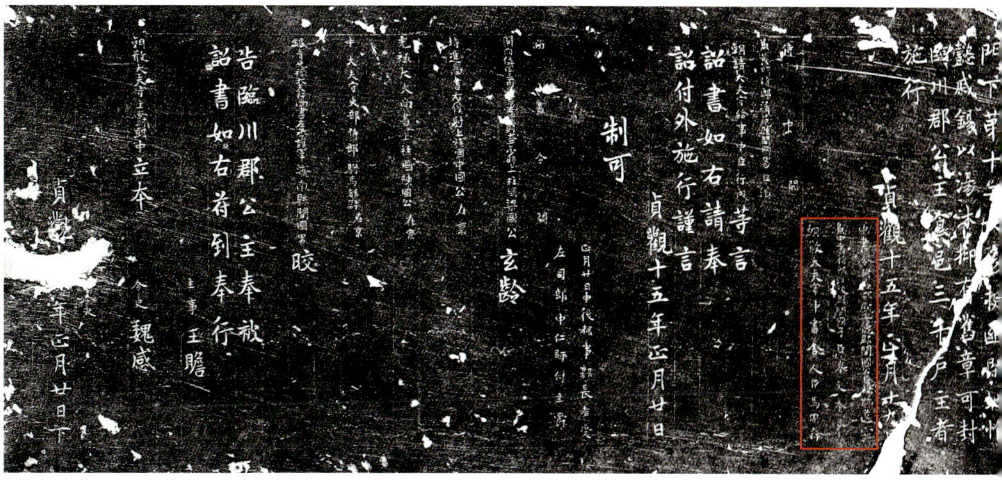

圖七－一、二　臨川公主墓出土的貞觀十五年册封詔書石刻，紅綫框内爲宣傾官員的職掌、姓名

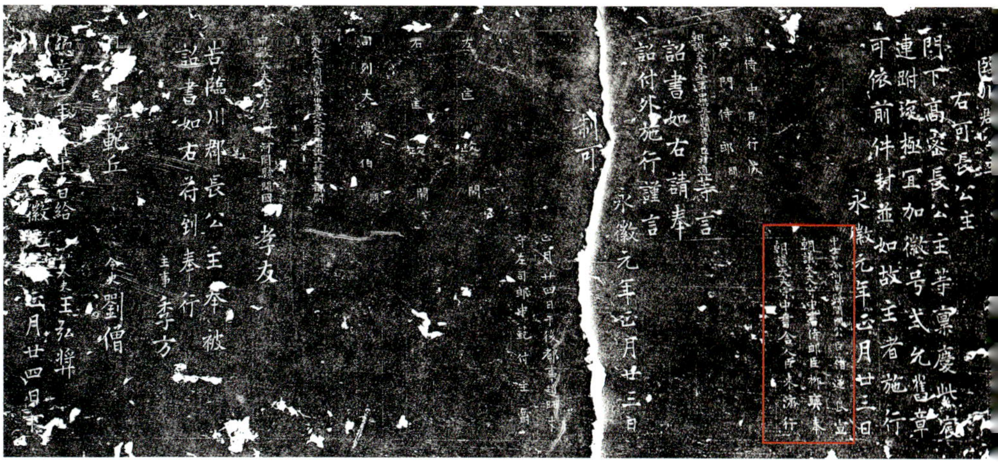

圖七－三、四　臨川公主墓出土的永徽元年追封詔書石刻，紅綫框内爲宣傾官員的職掌、姓名

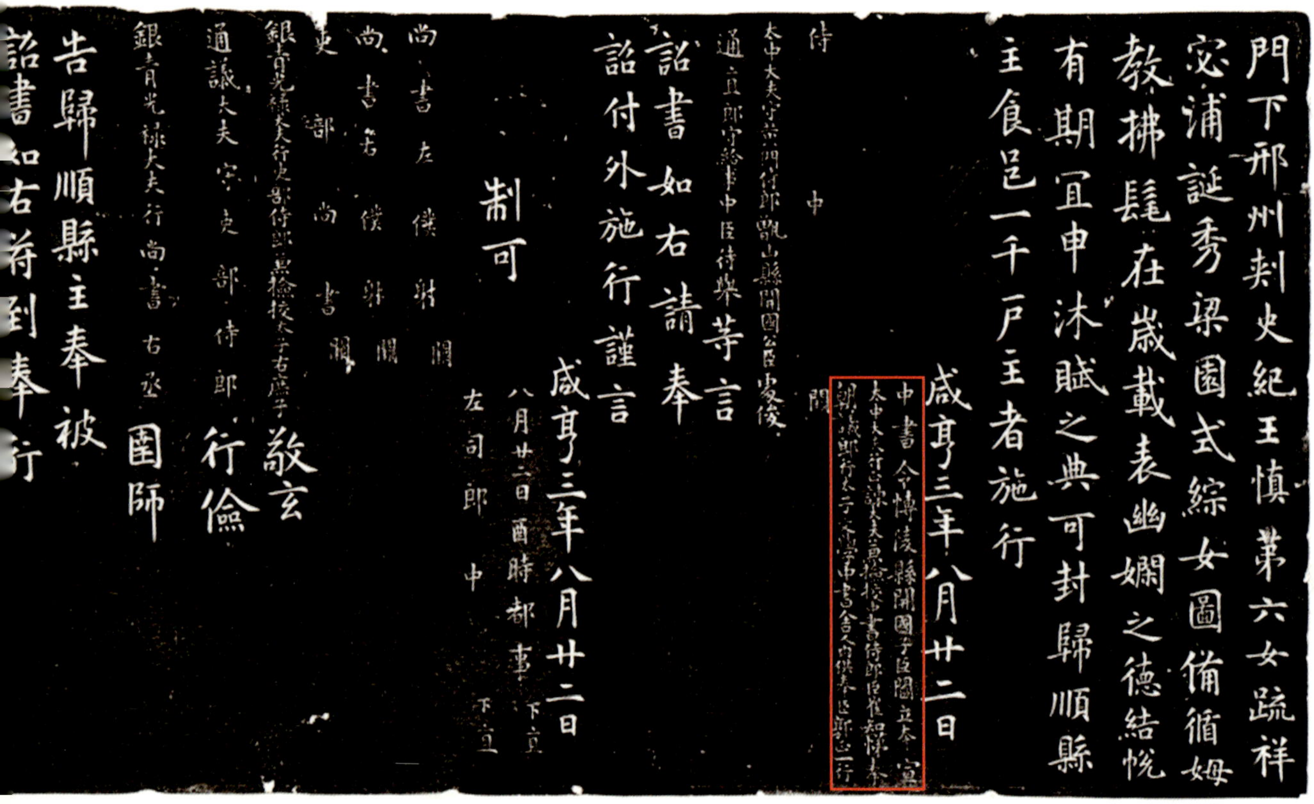
門下邢州刺史紀王慎第六女疏祥
宓浦誕秀梁園式綜女圖脩循姆
教拂髭在嵗載表幽嫻之德結帨
有期宜申沐賦之典可封歸順縣
主食邑一千戶主者施行
咸亨三年八月廿二日
中書令博陵縣開國子臣閻立本宣
太中大夫行正諫大夫兼檢校中書侍郎臣崔知悌奉
朝議郎行太子文學中書舍人內供奉臣郭正一行
侍中 闕
太中大夫守黃門侍郎甑山縣開國公臣處俊
通直郎守給事中臣侍樂等言
詔書如右請奉
詔付外施行謹言
咸亨三年八月廿二日
制可
八月廿二日酉時都事 下直
左司郎中 下直
尚書左僕射 闕
尚書右僕射 闕
吏部尚書 闕
銀青光祿大夫行吏部侍郎兼檢校太子右庶子 敬玄
通議大夫守吏部侍郎 行儉
銀青光祿大夫行尚書右丞 園師
告歸順縣主奉被
詔書如右符到奉行

書頒授制度。如按石刻列出的官員、職掌來解讀硃書的這一內容，并補充其缺損文字，那麼最後三行殘缺不全的文字就應該是：

中書舍人上柱國臣周瑀 宣
黃門侍郎□□［上儀］同臣君肅［奉］
誥敕房給□［事］中臣安業 行

這裏的『君肅』『安業』二人，均省略了姓氏，這是唐代官員署名時在已經寫明官職後不再寫姓氏的通例。經查，他們分別是祖君肅、長孫安業。二人均爲隋末唐初時人，在舊、新《唐書》中都有提及。祖君肅在高祖時曾任黃門侍郎；長孫安業是長孫皇后的异母兄，唐立國後出任內廷官員，但行蹟不端，貞觀初年因參於謀反，處以免死流放，不知所踪。

由以上三件實物的詔書格式、內容可以看到，武德四年硃墨詔書中的宣頒官員，可以明確地認定爲三人，而後世譜牒中將此記載爲六人，肯定是錯誤的。究其原因，也許是後世首次在譜牒中轉録這道詔書的文本時，將負責存檔認可及批轉存檔事宜的官員也一并算上了，所以就多出了三人，并自此代代沿襲，錯訛至今。

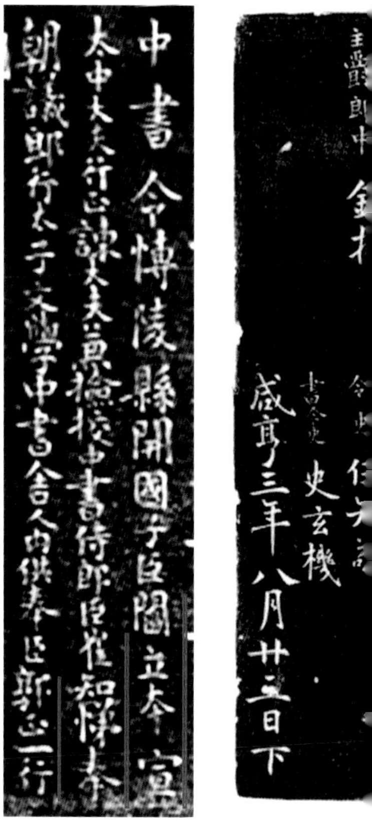

圖八－一、二　咸亨三年冊封歸順縣主詔書石刻拓片和宣頒官員（左側局部圖）。陝西省漢唐石刻博物館藏

（三）硃筆詔書所反映的唐初書法風格

初唐書法，從隋代延續而來，如虞世南、褚遂良等大家自然有其創製之處，但社會上普遍的書法風氣，仍與北朝至隋代一脉相承。北朝書風，處於隸書向楷書轉型的過渡期，風格多樣，總體上大致分爲這樣幾種類型，一是硬朗厚重，峻峭犀利，如《張猛龍墓誌》之類；二是清勁秀麗，柔中有剛，當以《張黑女墓誌》爲翹楚；三是不温不火，方正平穩，尤其是到了北朝後期至隋代，這一類書風甚爲流行，其中，隋《龍藏寺碑》和隋《蕭妙瑜墓誌》可謂典範。

按初唐的朝廷公文制度，敕封詔書由中書省起草，書寫者一般是中書省官員，他們的日常書寫，不在乎獨特創意，却必須合乎書寫規範。這樣，自然也就與同時代普遍流行的書法風

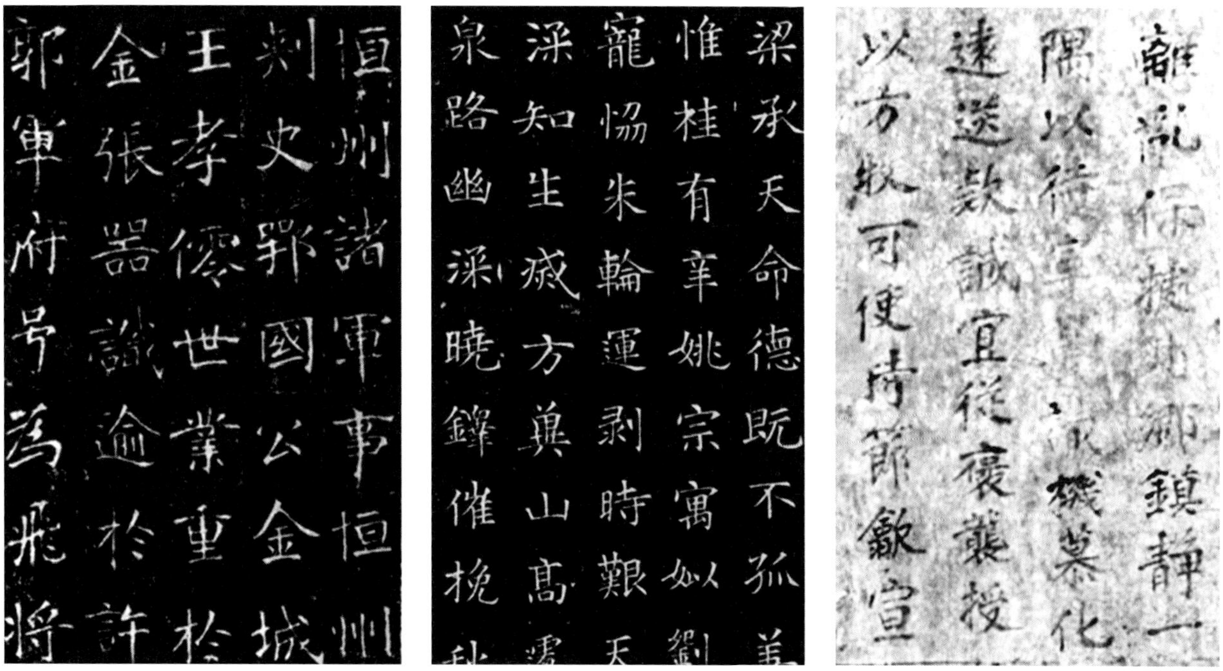

圖九　隋《龍藏寺碑》局部（左）、隋《蕭妙瑜墓誌》局部（中）、唐武德四年詔書局部（右）

氣互爲表裏，相對接近了。因此，辨識硃筆詔書的書法是否與這一風氣相適應，是鑒別其真實性的重要手段。爲此，選取在時間上相近、風格上類似的書法名作與硃墨詔書的書法進行比較，或許就能看出端倪。圖九爲隋《龍藏寺碑》（左）、隋《蕭妙瑜墓誌》（中）與敕封詔書（右）的概貌比較（均爲局部）。

以上三種書法，從時間先後來看，《龍藏寺碑》勒石時間最早，爲隋開皇六年（五八六），以其結體大方，書法工穩，行筆嚴謹而不失風致，體現出由隸轉楷後的成熟氣度，向來被譽爲『隋碑第一』。其次是仁壽三年（六〇三）的《蕭妙瑜墓誌》。蕭妙瑜即南梁淮南公主，梁武帝蕭衍的孫女，爲北周、隋代名臣楊素的繼母，楊氏立隋後，長期生活於內廷，直至終老，葬於長安。該墓誌出土於一九九六年，保存完好，文字清晰爽利，有助於對隋代楷書進行細緻的認識。墓誌僅四平方尺左右（六〇厘米×五九厘米），屬於小楷，整體風格與另一通隋代小楷名碑《董美人墓誌》比較接近，但其結體、筆畫較之《董美人墓誌》更加穩重工整，寬鬆自如，頗有以小見大之勢。武德四年詔書分別比《蕭妙瑜墓誌》晚十八年、比《龍藏寺碑》晚三十五年。將此三種書法作一比對，可以看出同一書體在五十餘年間細微的演進過程，也可爲武德四年詔書的書蹟真實性提供可資辨識的依據。

表三將三個文本中都用到的同一字進行比對，得到如下結果：

表三 《龍藏寺碑》《蕭妙瑜墓誌》《武德四年詔書》單字比對舉例

隋《龍藏寺碑》	隋《蕭妙瑜墓誌》	唐《武德四年詔書》	單字比較說明
			《龍》《詔》的雙人旁，兩撇較短，竪筆較長，《蕭》的兩撇一短一長，竪筆較短。右側上方的横竪兩筆，《龍》居中直上直下，《蕭》《詔》的竪筆則帶撇意，且偏左。中間的『四』，《龍》的中間兩筆短竪作點狀，《詔》爲一竪一短撇；下方心的右側兩點，《龍》《蕭》爲平行，《詔》作連筆，但位置仍爲平行。

	方	離	承	誠
隋《龍藏寺碑》	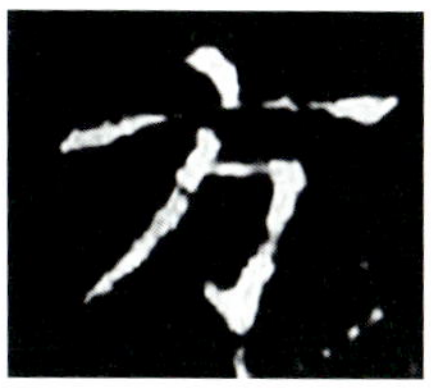		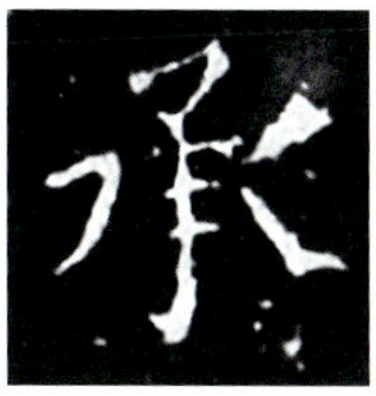	
隋《蕭妙瑜墓誌》				—
唐《武德四年詔書》			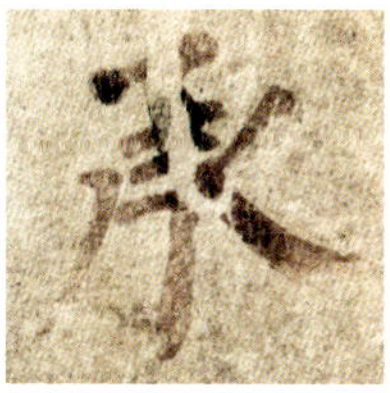	
單字比較説明	三字形態基本相同，但用筆各有特點。首筆的居中點，《龍》的粗壯，與第二筆長橫相接；《蕭》出鋒起筆，頓下後即收筆，留下小尖角，與第二筆長橫似連非連；《詔》則在收筆處帶出一絲連接長橫。第二筆長橫，《龍》以斂鋒起筆，中間瘦勁，收筆用隸勢波磔；《蕭》以出鋒落筆，形成尖鋭的上翹體勢，再用楷書方式收筆；《詔》以藏鋒落筆，形成蠶頭狀，然後緩緩移動至收筆處，略發力後收住。《蕭》和《詔》的寫法，已屬成熟的楷書了。	左邊的『离』部，《龍》《蕭》《詔》的寫法幾乎一樣，尤其是第六筆的短竪，都有明顯的左撇態勢。右側的『隹』部，《龍》《蕭》寫法基本一致，《詔》因上半部分有小損，無法看出全貌，但從殘留筆痕看，似乎與另兩字也差不多。	從字形、筆法看，如排除碑刻文字與手書筆蹟的誤差，以《龍》《詔》最接近，兩字的差别僅在於中間三筆短橫的排列有鬆、緊之分。尤其是最後一筆捺的收筆處，都有頓下用力後産生的拖筆，後世顔字中的捺脚似乎就受此影響。	儘管《詔》的『誠』字末筆斜長鈎比《龍》的『誠』字略短一截，但整個字的結構、體勢并無多少差别。言字旁的下半均略偏右，右側的『成』部則斜勢偏向右上。種種相似特徵，如非源於同一範本，可能很難達到如此相像的程度。

隋《龍藏寺碑》	隋《蕭妙瑜墓誌》	唐《武德四年詔書》	單字比較說明
	—		總體相似。區別在於左側方字的起筆一點，前者落筆較輕，斜勢明顯，後者落筆有明顯的逆勢；下一橫筆的起筆處也是如此，且橫筆較長，以承受上點的重量。右側的『㐌』部，前者整體斜勢向上，後者的上半部分也帶斜勢，但最後一筆的豎彎鈎則回復平正。
	—		雙人旁的首筆短撇均落筆較輕，《詔》更是出鋒落筆，意到即止，這是手書筆蹟的特有現象。第二撇稍長，豎筆的高度略同，不同的是《龍》爲出鋒，《詔》爲藏鋒。右側的『亍』部，筆法相當，豎鈎的重心都在第二橫筆的偏右。

表三所列單字比對表明，武德四年詔書的書法承襲了隋代以結體平穩方正爲特色的風格，斂鋒用筆，起筆大多帶有隸意，行筆不急不緩，左低右高的體勢比較明顯。與隋《龍藏寺碑》十分相似。《蕭妙瑜墓誌》雖爲同一書體，因屬小楷，結體與《龍藏寺碑》和武德四年詔書略有區別，但用筆特質仍屬同一類型。值得注意的是，隋代的兩種石刻書法和硃墨詔書的筆意中均或多或少地略含隸意，這是該時期楷書的重要特徵之一。由此，反映出作爲隋唐之際流行書體之一的平穩方正的書法樣式，此時間基本完成了由隸向楷的轉型，并成爲官方和民間日常書寫的一種常用字體。如果沿着這一脉絡繼續往下，那麼又可以看到，此後顔真卿的寸方楷書中，也較多地吸取了這種風格特質。

從以上三個方面對武德四年詔書的分析，雖然只是對其真實性認識的初步考察，但已可得出這樣的判斷：從部分已可確認的關鍵信息中，反映了這件實物在某些方面與當時的實際情況是完全對應的，有些內容還可糾正既往已知的後世文本存在的謬誤。當然，認定這件硃筆詔書實物是否真的就是一千四百年前的原件，還應該從更多方面、利用更多手段做更深入具體的研究，但上述的工作至少已經可以表明，這件詔書比今存各種汪氏譜牒或其他文獻的同一內容的記載，更接近初唐時期的真實情況。

三、從部分文獻的書法看其可信度

《集珍》卷作爲徽州汪氏後人代代收存傳承的族中共有的歷史文獻，從現存狀况來看，可能從未進入過官方視野，查檢古今各類公私所藏書畫、文獻的目録或鑒賞筆記類文字，均無相關記載。因此，在通過文獻或相關實物來考察其可信性的同時，對其書法、紙張等其他方面所體現的時代特質進行探究，就很有必要了。本章將從以下幾個方面對這些手書墨蹟做一初步探討。

（一）有據可證的書蹟

南宋後期學者羅願的楷書《贊語》，不見於作者文集和後世其他典籍著録，但撇開内容來看其書法，則不難認定其真實性。此件書法點畫分明，結體嚴謹，既有顔字的莊重，也略有蘇字的嫵媚，整體風格清麗脱俗，是比較典型的宋人氣息。

判斷其真實性的直接依據之一，來自於羅願爲徽州新安大族吴氏所寫的一篇文字。

浙江省淳安縣檔案館收存的《吴氏家寶》卷（以下簡稱《吴氏》卷），收録了唐宋時期多位著名人士如吴氏名人吴少微、吴潛撰寫的文字，其中有羅願所撰《唐左臺監察御史諱少微吴公傳》一文的墨蹟（圖十），此文收録於羅願《新安志》卷六『叙先達』和《鄂州小集》卷六『傳』。《吴氏家寶》卷中的羅願墨蹟本經與兩書所録文字校核，刊本略有小异，并多出文末叙鄉人在吴少微去世後將其出生地石舌山改名爲鳳凰山的記載。此件書法，字體較《集珍》卷的羅願《贊語》稍小，但用筆、風格甚爲一致，顯示出《集珍》卷羅願《贊語》和《吴氏》卷羅願《吴公傳》實出自同一人之手。

再從反面證據看。如美國紐約大都會藝術博物館所藏《新安汪氏譜牒》卷中，有一件『羅願』寫於宋乾道九年（一一七三）八月的《汪氏族譜序》（圖十一），其時羅願正當三十七八歲之間。不過，就其書法而言，無論從哪方面看，都與《集珍》卷和《吴氏》卷中的羅願墨蹟不同，很明顯就是另一人所爲。經此一正一反兩個例證的比對，《集珍》卷中羅願《贊語》的可信性自可明瞭。羅願在方志學和譜牒學方面造詣頗深，當時江南各大家族

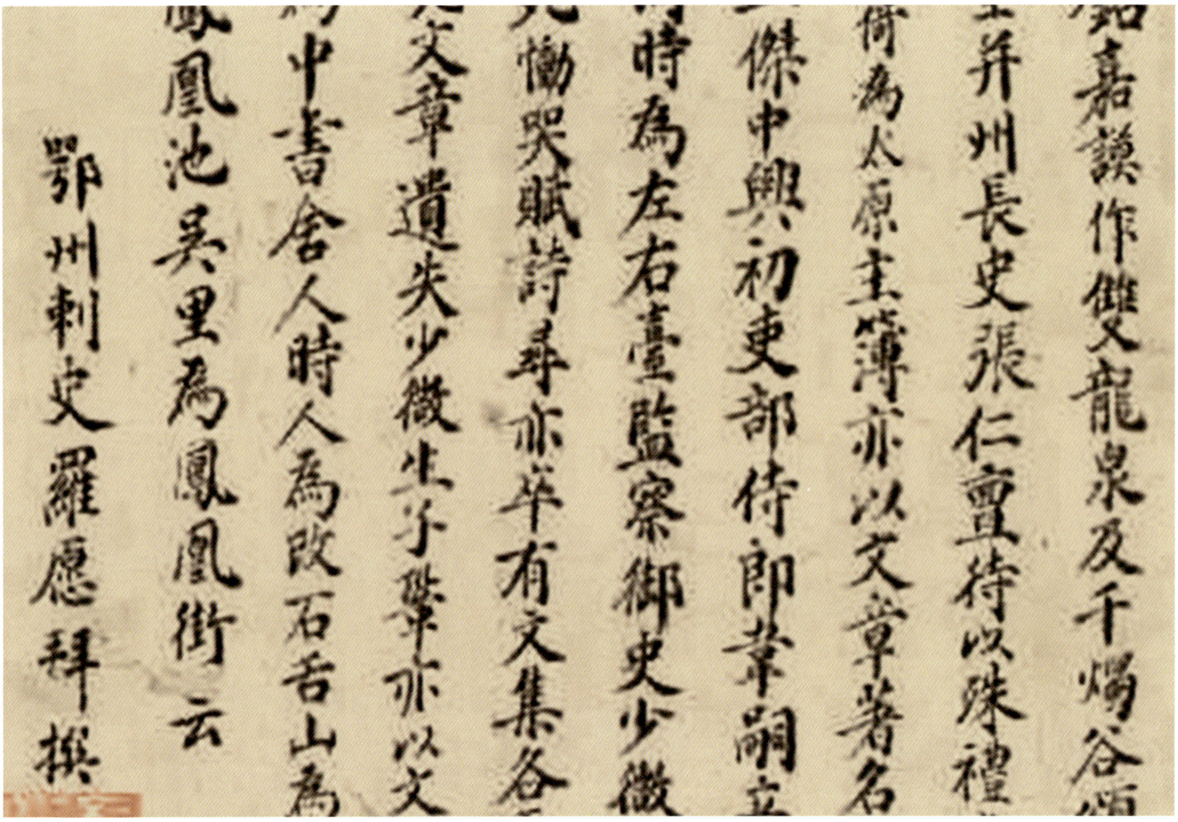

圖十 《吴氏家寶》卷中的羅願《吴公傳》墨蹟（局部），浙江省淳安縣檔案館藏

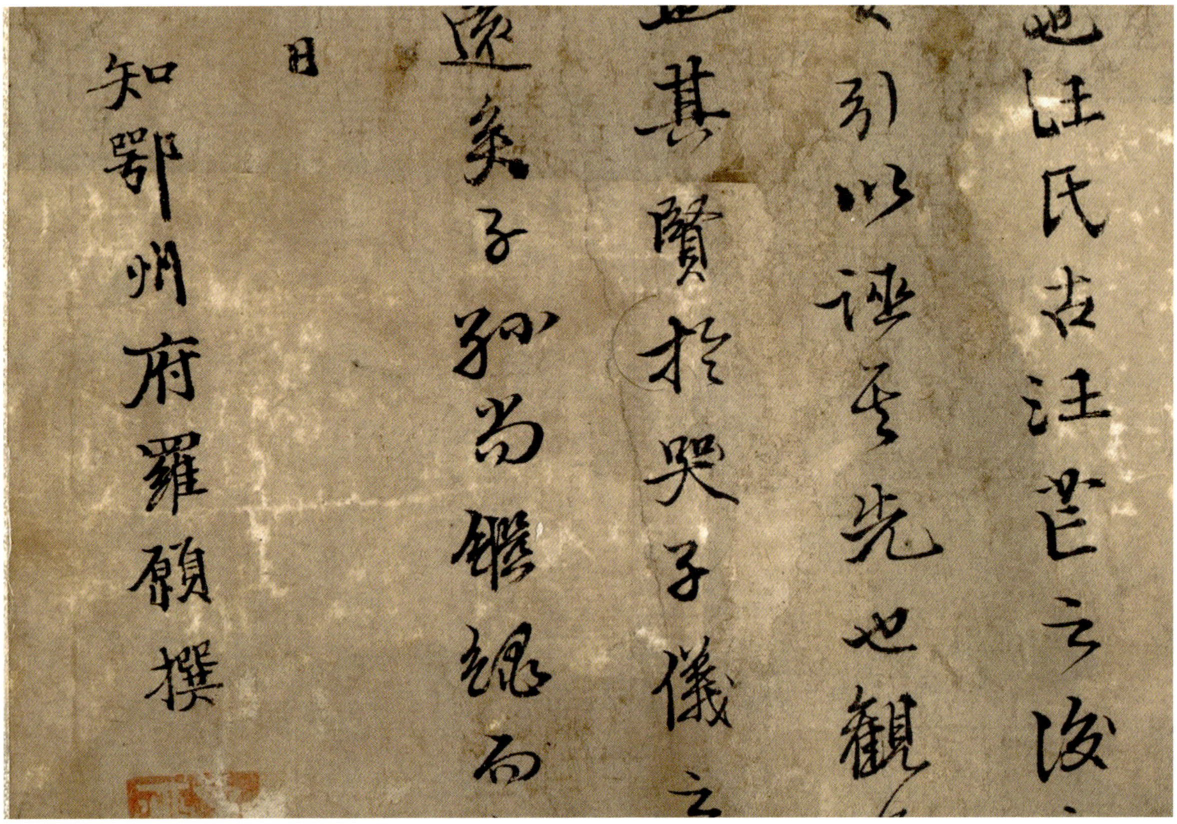

圖十一 《新安汪氏譜牒》中羅願款的《汪氏族譜序》（局部），美國紐約大都會藝術博物館藏

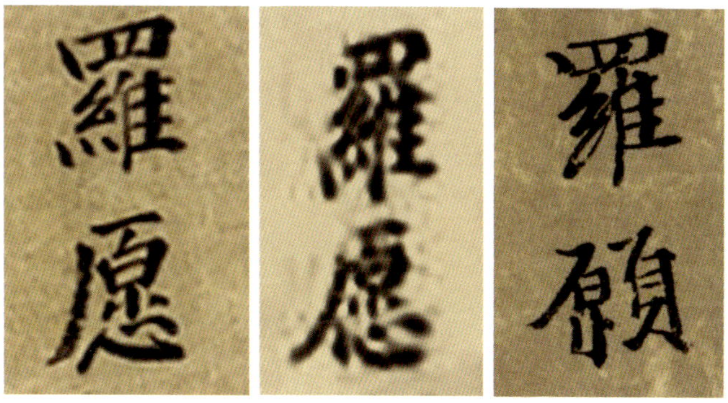

圖十二　三件傳世家族文獻中羅願的款識比對：左爲《集珍》卷，中爲《吴氏》卷，右爲《譜牒》卷

編修家族譜牒時大都邀其撰文作序，并以此爲榮。這樣，難免就會有託名之作混雜其中。美國紐約大都會藝術博物館所藏《新安汪氏譜牒》卷中的僞作，可能就是在這一背景下産生的。

從圖十二所列羅願款識的比對中可以明顯看出，《集珍》卷與《吴氏》卷兩個簽名，無論從字形還是筆意，都毫無疑問地屬於同一人所書，而《譜牒》卷的款識，則完全有别於前兩個簽名，甚至可以説絲毫不具備另外兩件的任何相似之處。

北宋名臣俞獻卿的《江氏譜跋》殘件，書法爲小行書，信手寫來，十分流暢，用筆清麗細勁，結構偏於方正，似有五代著名書家楊凝式的遺韵。（圖十三－一）俞獻卿的生卒年雖然不詳，但其一生中幾個重要的時間節點還是有記載的。如他中進士是在宋真宗咸平二年（九九九），擔任『禮部儀制司□度支員外郎』一職的時間約在真宗大中祥符三年（一〇一〇）以後至仁宗天聖元年（一〇二三）以前這個時間段，到了仁宗慶曆二年（一〇四二）時，因年逾七十而『致仕』[一]，不久即去世。按照這些有案可稽的時間往前倒推的話，《集珍》卷中這件墨蹟的書寫時間大約是在俞獻卿四十八九歲到五十一二歲之間，也即屬於其中年偏晚的筆墨。

公共文博機構没有收藏俞獻卿書法墨蹟的記録，但在民間

[一]（宋）李燾《續資治通鑑長編》卷一百三十七記載：『慶曆二年六月……權御史中丞賈昌朝言：「臣僚年七十而筋力衰者，并優與改官，令致仕。年雖七十而未衰及别有功狀，朝廷固留任使者，勿拘此令。在京若工部侍郎俞獻卿、少府監畢世長、太常少卿李孝若、駕部郎中李士良，在外若給事中盛京、光録卿王盤、太常少卿張傚、兵部郎中張億，皆耄昏不任事，請并令致仕。」詔：在京者中書體量之，在外者進奏院告示之。』從這段記載中可知，賈昌朝進言中羅列的一批年逾七十而『皆耄昏不任事』的京官、外官中，俞獻卿名列京官首位。見文淵閣《四庫全書》『史部·編年類』。

則有蹟可尋。浙江温州瑞安縣的謝氏，是從歙州遷徙到當地的，其宗祠至今保留着一件手卷樣式的家族文獻，其中匯集了宋代文人及官員手書與這個家族中的歷代名人有關的詩文，其中署款爲『俞獻卿』的一篇贊文，可以與《集珍》卷中的俞氏墨蹟進行對照。

此件款識所署職務爲『諫議大夫集賢院學士户部度支鹽鐵副使』（圖十三－二），史書記載俞獻卿是在仁宗景祐三年（一〇三六）以集賢院學士身份在杭州知府任上，但款識中没有提及杭州知府一職，據此推測，此件的書寫時間可能在出任杭州知府之前，即俞獻卿大約六十三四歲時期，屬於晚年書作。

兩件寫於不同時期的墨蹟，各有特色。中年時期的筆法，靈動清勁爲主，隨意性較明顯，但也可能因爲字體較小，所以更具有書寫時的流暢之美。晚年的書作，字體稍大，以穩健工整爲主，間有中年時的清勁，如局部圖中的『養』『振』『接』『濟』等多字，對比中年墨蹟的筆姿意態，有不少相通之處。例如：横筆出鋒較多，自左往右上方傾斜十分明顯；撇、捺較爲清瘦，尤其是捺脚，不甚用力，但拖筆較長，與其總體上呈現的清勁爽利的特點十分吻合。（圖十四）

許衡的《汪氏宗譜跋》，也是一件可從相關依據中尋找异同，進而對其書法作出相應判斷的墨蹟。他作爲元初的著名學者，有多種著述傳世，但在元以來的書畫著録中未見有其作品存世的記載。經查，此文除了見於民國十五年《蘇州汪氏族譜》的雕版摹刻行楷體書蹟外，另有美國紐約大都會藝術博物館收藏的《新安汪氏譜牒》卷中亦收録了一件署款爲『魯齋許衡』的無題草書墨蹟，文本内容與《集珍》卷中的許跋基本相同，僅文末多出一句『書此爲汪氏子孫萬世勉』。

三件署名相同、内容基本一致的跋文，從各自的書法風格特徵來看，《集珍》卷墨蹟行筆流暢有力，頗有江河千里雖曲折蜿蜒而奔瀉直下的氣勢，在充滿力度感的書寫中，其綫條或粗或細，字形或大或小，結體或倚或側，都十分協調，謀篇布局中的上下照應、左右避讓意識十分鮮明。通觀全篇，字裏行間看似參差不齊，實則韻律感十足，體現了書寫者對草書技法的獨特理解，并已形成了自己的風格面目。民國《蘇州汪氏族譜》收録的許衡跋文雖爲行楷，但從落筆的力度、字形的韻律感等書寫習慣來看，也具有同類風格，其筆姿飽滿，穩健厚實，間或夾帶一二小草，則有遒屈韌勁之感（圖十五）。兩者對看，

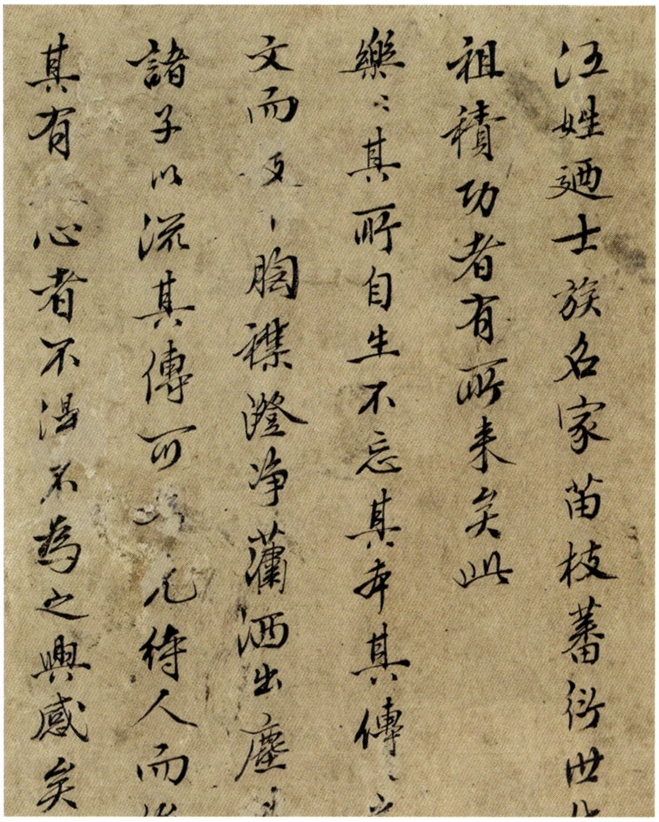

圖十三-一 《集珍》卷俞獻卿書法局部

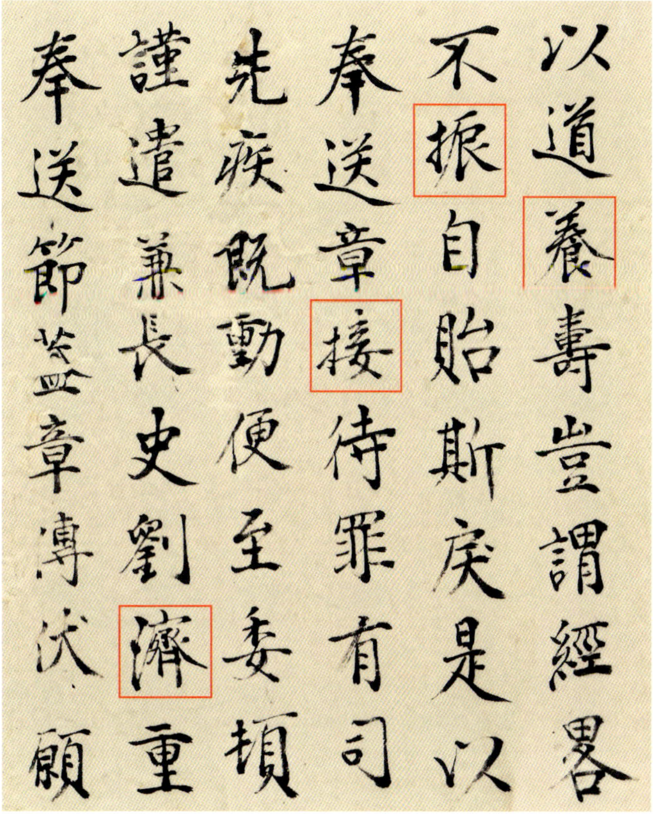

圖十三-二 《里安謝氏》卷俞獻卿書法局部

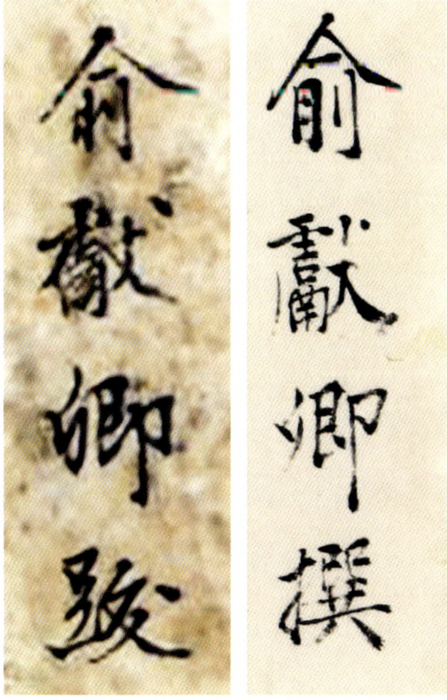

圖十四 《集珍》卷（左）與《瑞安謝氏》卷（右）俞獻卿款識比對

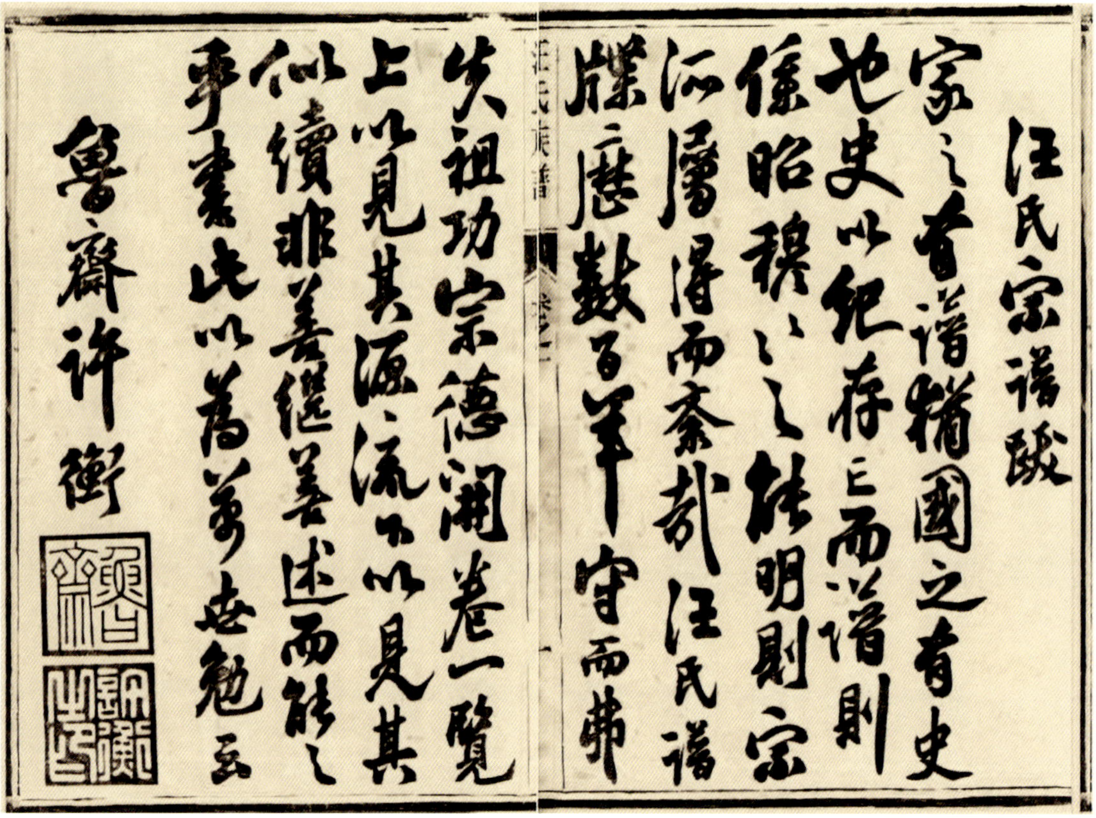

汪氏宗譜跋

家之有譜猶國之有史也史以紀存亡而譜則係昭穆之緒明則宗派屬得而紊哉汪氏譜牒歷數百年守而弗失祖功宗德開卷一覽上以見其源流下以見其似續非善繼善述而能之乎手書此以為箴並勉云

魯齋許衡

圖十五　民國《蘇州汪氏族譜》據書蹟摹刻書影

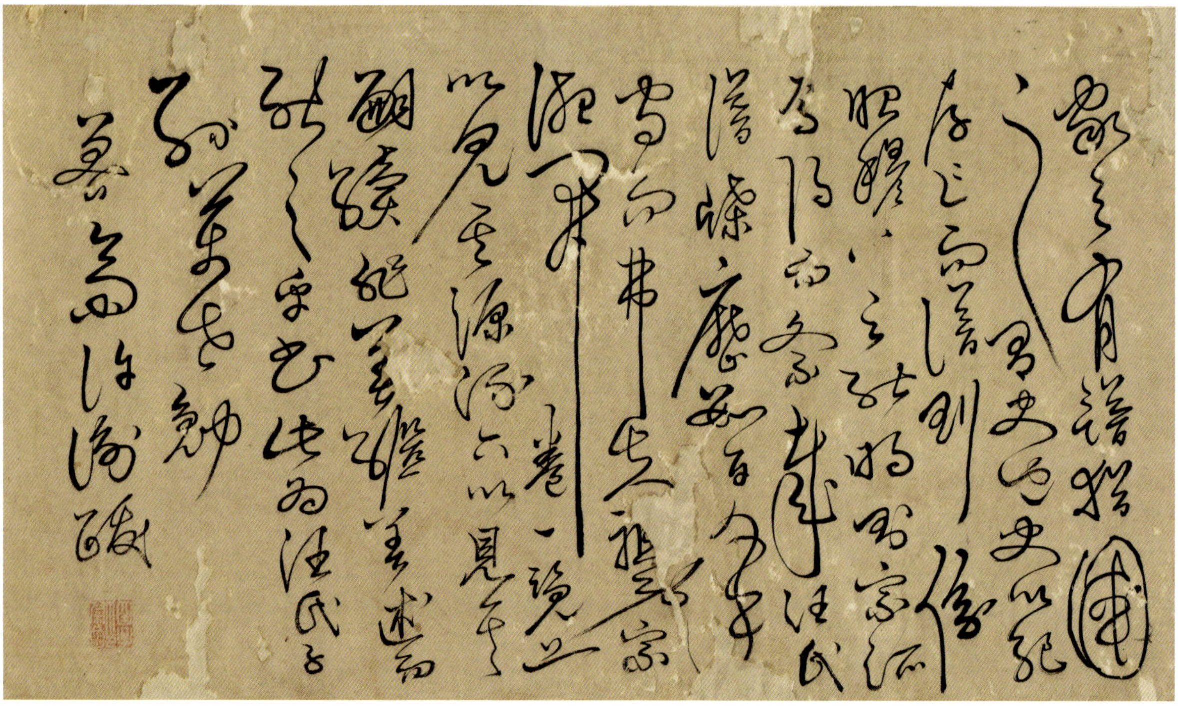

圖十六　《新安汪氏譜牒》卷許衡款跋，美國紐約大都會藝術博物館藏

應出於同一人手筆無疑。

反觀《新安汪氏譜牒》卷所收者，儘管也是草書，但無論筆意還是字形，乃至整體風格，與上述兩者完全不同（圖十六）。尤其是對照《集珍》卷的草書墨蹟，明顯有落筆疲軟、行筆幼稚、拖泥帶水、纖弱無力等不足。猶如東施效顰，非但沒有美感，反而徒增醜陋，令人很難想象這是出於元代名動朝野的一位著名學者的親筆手書。這一現象表明，同樣的兩件草書墨蹟，基本上已可斷定後者是模仿前者所爲。在有雕版楷書作爲類似風格來做比對的基礎上，《集珍》卷中收録的許衡墨蹟的可靠性，顯然要大大高於《新安汪氏譜牒》卷。

（二）部分墨蹟書法的時代特質

《集珍》卷中各類手寫文獻涉及的當時名人不在少數，但有已知的傳世墨蹟可以與之對應者畢竟不多，其中好幾件墨蹟迄今所知均僅此一件，況且這些人在書法史上亦寂寂無名。所以，如何辨識這類墨蹟的可信與否，除了通過文字本身的辨析以外，亦可透過與其同時代的書法風氣看兩者的契合程度。這一方法雖不能説完全有效，但至少可以爲進一步探究其真實性提供必要的參考。

署名『胡炳』的《晉越國公族譜卷》，是一件值得注意的墨蹟。胡炳，即元代前中期著名的理學家、教育家胡炳文（一二五〇—一三三三），婺源考川人，字仲虎，號雲峰，精通易學，學界稱『雲峰先生』。此詩在不同版本的胡炳文著作集中均有收録，明弘治三年刻本《雲峰胡先生集》（不分卷）列在『詩類』，清《文淵閣四庫全書》本《雲峰集》在卷八，詩名均爲《題富山汪王廟》，文句也完全一樣。至於詩題爲何與墨蹟標題不一致，可能與後世編纂文集時的重新擬定有關，這種現象，在古人文集中比比皆是。

關於胡炳，有必要作一交代。元代及此後的絶大部分著述中凡提及其人，均作『胡炳文』，但《元史紀事本末》一書中則作『胡炳』[一]（圖十七）。如卷十六『諸儒出處學問之概』在記述婺源籍學者陳櫟時，按照當時學術界的普遍評價，將胡炳與另一位婺源籍學者胡一桂作爲陳的『知言』。行文中按全

[一] 陳邦瞻（一五五七—一六二三）輯、臧懋循（一五五〇—一六二〇）補輯、張溥（一六〇二—一六四一）論正的《元史紀事本末》，晚明刊本，日本國政府圖書，今藏日本東京的淺草文庫。

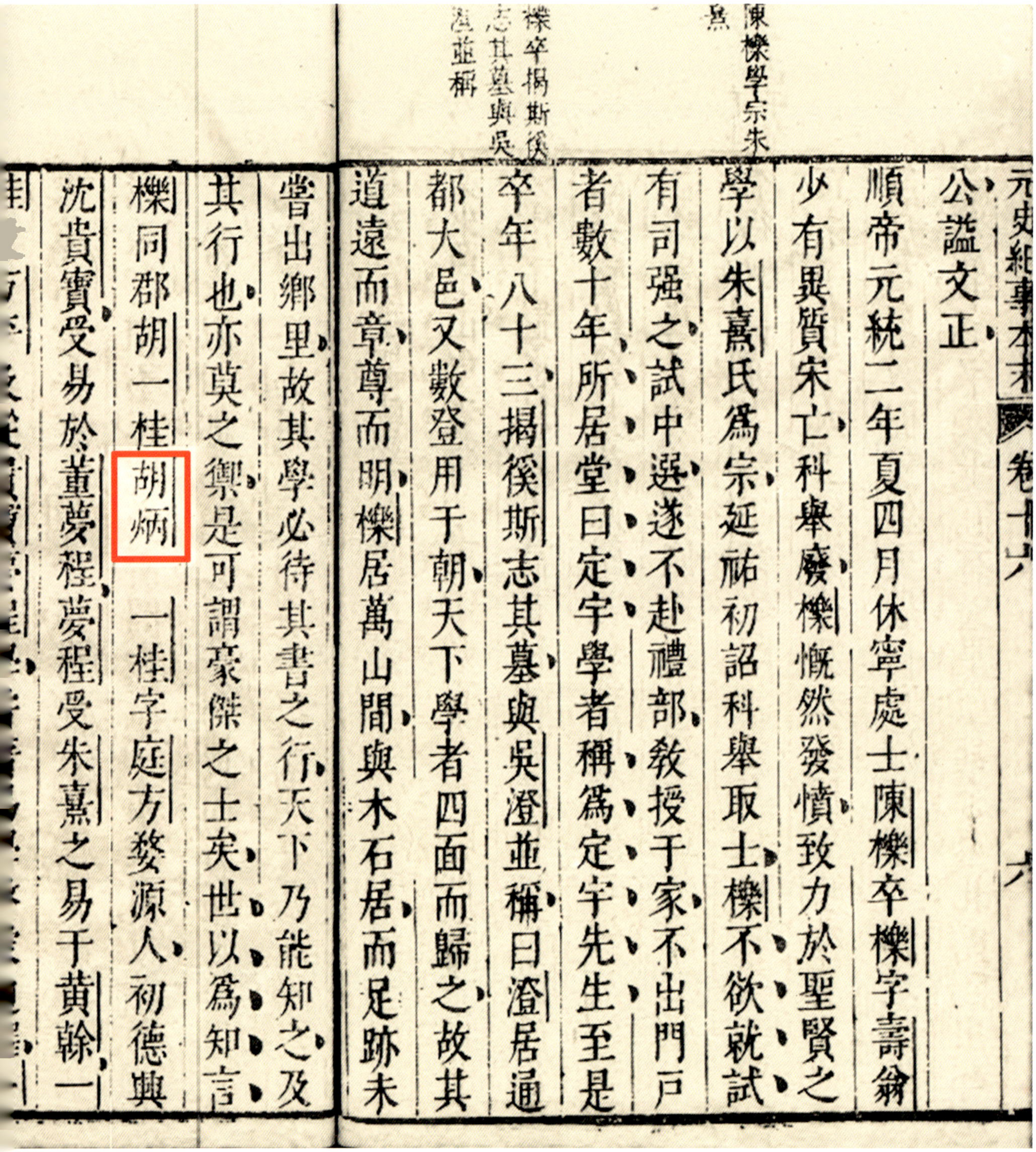
陳櫟學宗朱熹
櫟卒揭傒斯志其墓與吳澄並稱

元史紀事本末 卷十六 六

公謚文正
順帝元統二年夏四月休寧處士陳櫟卒櫟字壽翁
少有異質宋亡科舉廢櫟慨然發憤致力於聖賢之
學以朱熹氏爲宗延祐初詔科舉取士櫟不欲就試
有司强之試中選遂不赴禮部教授于家不出門戸
者數十年所居堂曰定宇學者稱爲定宇先生至是
卒年八十三揭傒斯志其墓與吳澄並稱曰澄居通
都大邑又數登用于朝天下學者四面而歸之故其
道遠而章尊而明櫟居萬山間與木石居而足跡未
嘗出鄉里故其學必待其書之行天下乃能知之及
其行也亦莫之禦是可謂豪傑之士矣世以爲知言
櫟同郡胡一桂胡炳 一桂字庭方婺源人初德與
沈貴寶受易於董夢程夢程受朱熹之易于黄榦一

圖十七 《元史紀事本末》卷十六第六、七葉提及胡炳時的局部圖

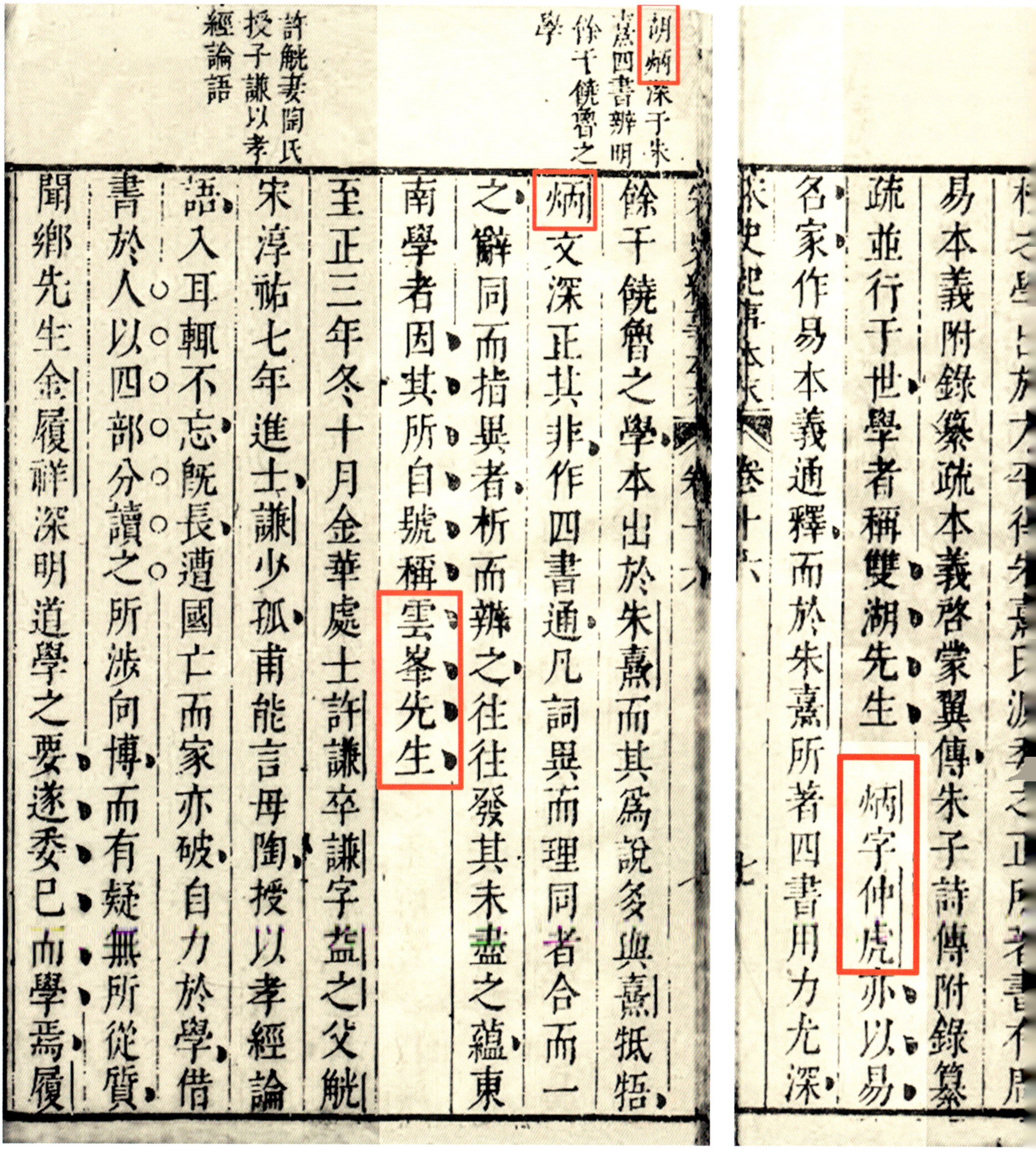
易本義附錄纂疏本義啓蒙翼傳朱子詩傳附錄纂
疏並行于世學者稱雙湖先生炳字仲虎亦以易
名家作易本義通釋而於朱熹所著四書用力尤深
宋史紀事本末 卷十六 七

胡炳深于朱
熹四書辨明
餘干饒魯之
學

許觥妻陶氏
授子謙以孝
經論語

餘干饒魯之學本出於朱熹而其爲說多與熹牴牾
炳文深正其非作四書通凡詞異而理同者合而一
之辭同而指異者析而辨之往往發其未盡之蘊東
南學者因其所自號稱雲峯先生
至正三年冬十月金華處士許謙卒謙字益之父觥
宋淳祐七年進士謙少孤甫能言母陶授以孝經論
語入耳輒不忘既長遭國亡而家亦破自力於學借
書於人以四部分讀之所涉向博而有疑無所從質
聞鄉先生金履祥深明道學之要遂委巳而學焉履

書體例，在人物姓名字號的右側用黑豎綫標出，以示醒目，防止閱讀時誤斷句讀。該卷第七葉第二行評論胡炳的學問時，行文即爲『炳文深正其非，作《四書通》……』，人名標記僅限於『炳』字，未將下一個『文』字包括在内，并兩次將胡炳文的字、號用於『胡炳』。這就清楚地表明，該書作者是將『胡炳』『胡炳文』視爲同一人。

當然，僅確定『胡炳』與『胡炳文』同爲一人，還不足以對詩作墨蹟是否可信作出判斷，在無法獲得胡炳其他墨蹟的情况下，從同時期或稍早時期的書法中找到與之相似的墨蹟，也將有助於作出適當的判斷。

《雲峰胡先生集》『詩類』和其他版本的胡炳著作集中，收録了他的一首七言詩《題吴桂芳所藏張即之墨蹟》。張即之（一一八六—一二六三），南宋後期的著名書法家，擅長行楷書，大字榜書尤爲出色，所到之處皆留有墨蹟，名動一時。不過，也有不少人認爲張即之的書法風格，尤其是他的結體和用筆，顯得過於張揚乃至怪誕。對此，胡炳却另有看法。

胡詩共十六句，前八句抒寫對張即之書法的贊賞之言：『張公筆法工奇詭，盈丈大書神愈偉。飛來峰頭海日紅，伏虎岩邊龍象舞。巨靈血掌擘太岳，雷椎迸火揮電雹。今見小字又不然，層霄閑雲淡無脚。』在他看來，張即之的大字堪稱雄壯奇偉，而其小字則有如天間閑雲飛逸，淡然無痕。這些評價，與當時不少否定張即之書法者頗爲不同。

對於南宋中期以後流行一時的張即之書法，論者頗多。胡炳認爲，張即之書法的獨到之妙，正是由其『奇詭』的筆法而有所成就的。元代書法評論家鄭杓曾説：『宋朝書法之備無如蔡君謨，今乃置而不論，獨取蘇、米二人，何邪？……此正米氏字形也。此體流弊至張即之之徒，妖异百出，皆米氏作俑也。』（鄭杓《衍極》卷下）類似於鄭杓的觀點，幾乎在南宋以後對張即之書法的評論中占了主流，直到明代，這一觀點仍有應和者。如明人田汝成承襲了鄭杓的觀點而認爲，張即之是接受了米氏父子書法中不值得推崇的『流弊』，并進而演繹爲一種『惡謬』習俗。當然，與之相反的也有，如豐坊就認爲，張即之『書學米元章，而變以奇勁，有春花秋木之勢』（豐坊《書訣》）。一貶一褒，形成鮮明對比，豐坊的評價，也是從張即之的奇勁多變中發現了張的成功之處。

胡炳不是書論家，他對張即之的認知和評價，是從自己的實踐中悟出的，像胡炳那樣將一位當時頗有爭議的書家的風格引入自身書寫者，歷史上并不多見，保存在《集珍》卷中的胡炳墨蹟，正是其深受張即之書風影響的傳神之作。

此件布局疏朗清麗，靈動欲舞，其行筆以出鋒爲主，全用中鋒表達，剛柔相濟，或細若游絲，或壯如亭柱，落筆輕重兼具，轉折分明。從其用筆習慣看，可以找到柳體的基礎，也可以看到瘦金書的影響，但總體上則與張即之中晚年時期大字書法中揮灑迅疾、不拘小節的風格比較接近，只是其字形比張即之略偏瘦長。

胡氏稱張即之的大字書法猶如『巨靈血掌』『雷椎迸火』，氣勢磅礴，撼人心神。這一看法，亦爲後世所認可。明人張寧説：『即之作大字如寫小楷，而筆意兼行轉折作止之態，如老生作禮，雖骨格强硬而意度調熟，見之者自當嘆重。』（張寧《方洲集》卷二十一《跋》）

再看張即之作品中的字組寫法與胡炳墨蹟中的字組比較（圖十八、十九），《贊越國公族譜卷》的書法受張即之影響是較爲明顯的，每個字的架構、形態在用筆習慣和變化節奏處理等方面，與張即之的行楷書特徵甚爲接近。尤其是張即之慣用的大開大合，借力取勢，驟然之間的粗細變化和輕重對比，露鋒行筆和逆勢回轉等標誌性特徵，在這篇贊語的書寫中都有熟練運用，有些特徵甚至顯得有點誇張，如尖利峻峭的出鋒用筆，細勁而連綿牽絲的筆意行蹟等，可見其已將張即之的書法特質融入自身書寫習慣，故而纔得以產生自然流露而非生硬照搬的表達效果。

由此表明，這件《贊語》的書法似已超越了日常書寫的實用範疇，更具傳達書法藝術美感的意義了；胡炳作爲一個并不以書法名世的學者，能够達到如此造詣，也不失爲同時期人中可圈可點的一位了。

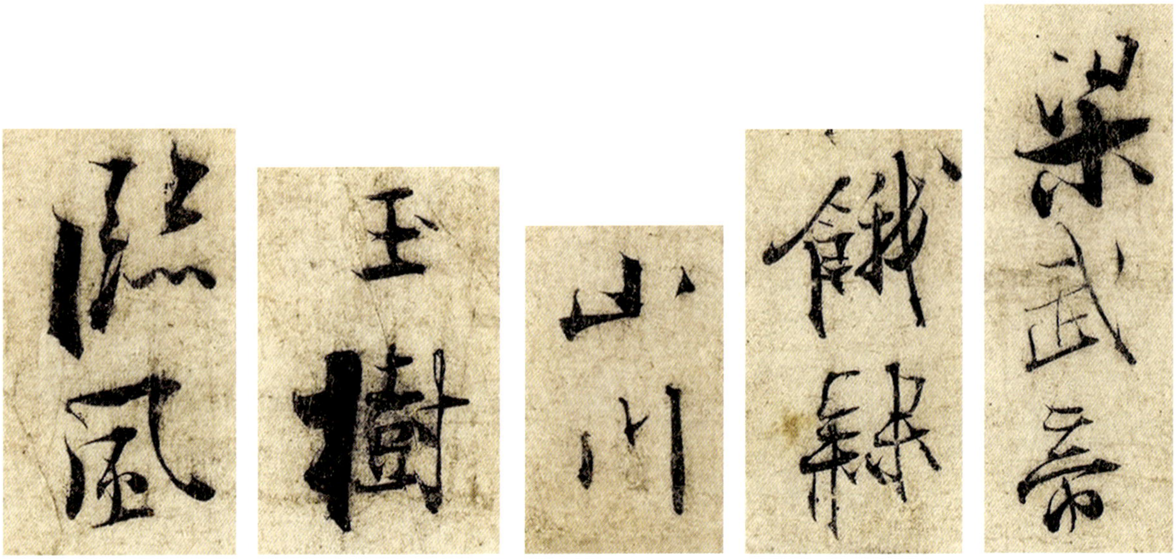

圖十八　張即之行書《比留空山帖》字組寫法五組

圖十九　胡炳《贊越國公族譜卷》詩字組寫法五組

四、文獻紙張的考察

前人有言：『法書名畫，必資紙而久傳，紙之不可無考審矣。』[一]《集珍》卷中各類紙質書蹟，若以款識紀年或人物經歷來看，分別産生於初唐而至明初。在此段長達七八百年的時間中，中國的造紙技術發展獲得了長足的進步，出現了因原料、工藝的不同而形成的品質、種類差异，其階段性和技術性特徵較爲明顯。基於這一史實，對《集珍》卷各類紙質文獻的材料屬性作一考察，或許是對其加深瞭解的又一途徑。

從《集珍卷》今存的總體狀况看，所有文獻在集中裝裱前（可能在明代前中期），曾經歷過分散保存的階段，其中有的文獻單獨保存的時間還比較長，所以各件的品相優劣程度差別較大，既有霉變酥化、撕裂破殘的，也有基本完好的。好在這些文獻集中裝裱成卷後，未見因保存不善而引起新的較明顯的損壞。本章將對此按材料分類，以目測觀感結合歷代文獻記載及近人研究成果作一初步考察，所附各圖均借助器材作必要的細節呈現。至於對材料的成分分析和光譜測定等工作，因受客觀條件限制，亦非作者專業範圍所能，暫付闕如，有待來者。

（一）蔴紙類

中國早期的紙張開始進入批量生産和使用的階段後，儘管不同區域都利用了一些本地特有原料，但總體而言，大都以麻纖維爲基礎原料，輔以其他韌性較强、質地較柔軟的材料製作而成。魏晋南北朝時期，這類紙張的生産和使用開始普及，最晚到唐以前，材料加工技術有所提高，造紙業開始進入成熟期。據近人的研究，這一時期所謂的蔴紙，『實包括破帛、舊漁網等蔴織物，其中并雜以蠶絲和棉』。[二]這類紙張，統稱爲『蔴紙』，在隋末唐初得到了較廣泛的使用，連宫廷文書也不例外。

[一] 張應文《清秘藏》卷上，見《美術叢書》初集第八輯。民國九年（一九二〇）神州國光社出版。

[二] 蔣玄佁著：《中國繪畫材料史》第一章『古代繪畫的底子』，上海書畫出版社二〇二三年版，第四四頁。下引此書，簡稱『蔣著《材料史》』，章節、出版資訊略，僅注明引用内容的頁碼。

唐代李肇《翰林志》中記載：

元和初，置書詔印，學士院主之：凡赦書、德音、立后、建儲、大誅討、免三公宰相、命將曰制，并用白蔴紙，不用印。雙日起草，候閤門鑰入，而後進書。……凡賜與、徵召、宣索、處分，曰詔，用白藤紙。凡慰軍旅，用黄蔴紙并印。凡批答表疏，不用印。凡太清宫道觀薦告詞文，用青藤紙朱字，謂之青詞。凡諸陵薦告上表、内道觀嘆道文，并用白蔴紙。

這段記載中提到宫廷用紙時，三個場合用『蔴紙』（其中有黄、白之别），一處爲『藤紙』，可見這两種紙張都是當時使用比較普遍的。李肇的生卒年不可考，其活動時間大約在唐玄宗天寶（七四二—七五六）後期至唐文宗大和（八二七—八三五）前期，記載反映了唐元和（八〇六—八二〇）年間宫廷用紙的情况，是否從唐初沿襲而來，無考。蔣玄佁根據《翰林志》的相關記載認爲：『唐中書用黄、白二蔴（紙）爲綸命，其後翰林專掌白蔴，中書獨得用黄蔴。（原注：黄、白蔴紙，草詔書也。故沿稱任命大臣曰宣麻。）』[一]

唐高祖《武德四年硃墨詔書》使用的紙張，可能就産生於材料和製作工藝已有改良，但仍殘留着不少早期造紙痕蹟的轉折階段。圖二十-一反映的是詔書部分較完整處的局部紙面直觀情况，看上去尚覺平滑，但撫之則手感略嫌粗糙。如將紙的某些局部用微距攝影放大觀察，可以清晰地看出其材料中的不同成分。

例如，圖二十-二即紙面經局部微距放大後，在紙面磨損處可清晰地看到夾在紙纖維裏的織物纖維，這可能就是史籍中記載的『破帛』之類。當然，以蔴爲基礎原料的紙張，不能少了麻料，在圖二十-三的紅框中，發現了紙面上有微微凸起的片狀殘留物，從其色澤和形狀看，應該就是在紙漿浸泡、煮硾時未能完全搗爛、濾净的蔴秆殘渣。這些可見殘留物在整幅紙面上很少，如不仔細觀察，很難發現，但一經揭示，至少便可對此紙的真相獲得一些直接的感知認識。此外，由於早期造紙技術尚未完全成熟，用於書寫的紙張一般都比較厚，如唐代使

[一] 蔣著《材料史》，第五〇頁。

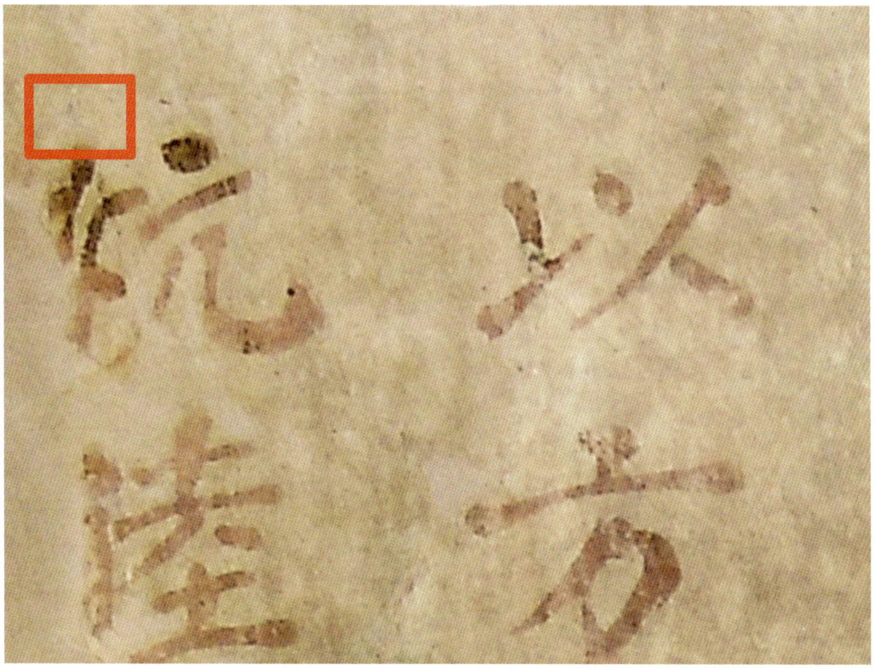

圖二十-一　《詔書》較完整紙面部分的直觀狀況，圖中的紅框爲圖二十-二的微距放大部位

圖二十-二　將圖二十-一紅框部位放大後可見混合在紙漿中的織物纖維

圖二十-三　未能完全搗碎的片狀蔴杆殘留物

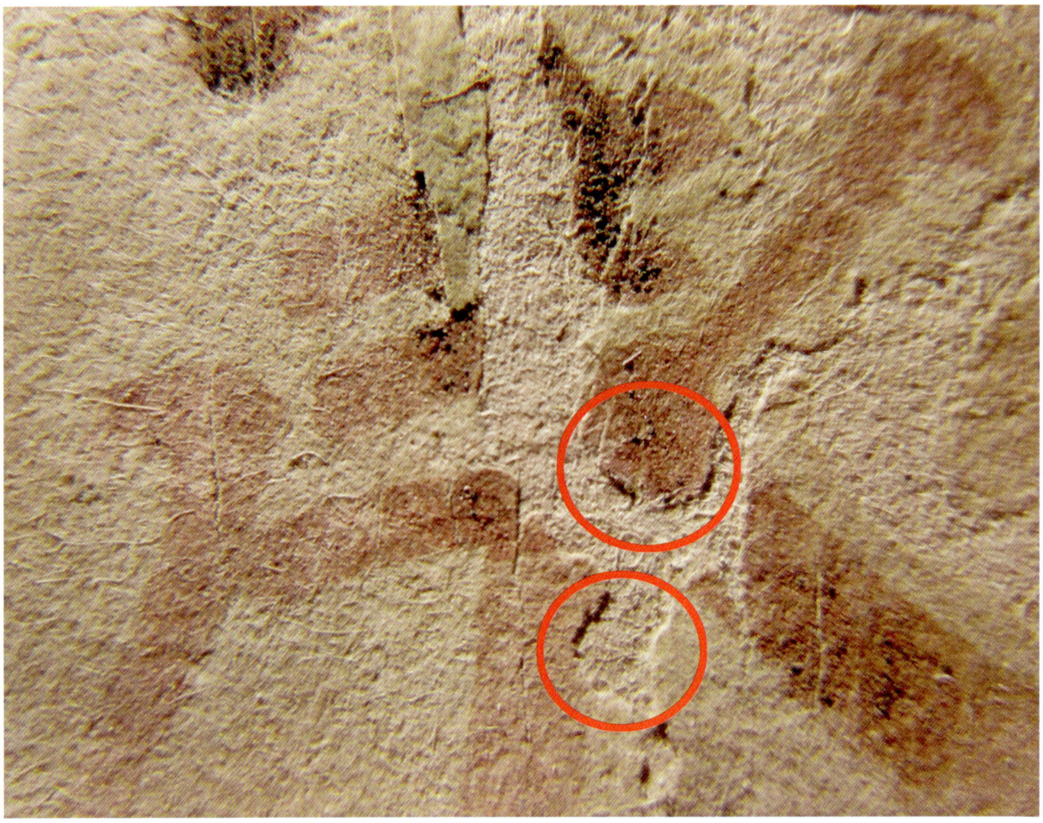

圖二十-四　從紅圈内横斷面上所見的紙張厚度

用較多的硬黄紙即是，未經磨砑加工時，其厚度可達三—五微米。硬黄紙也屬於蔴紙的一種，從圖二十－四中可以看到紙面表層的平滑、光潔度明顯優於下面的裝裱襯紙，這一現象可能表明，用於書寫的紙面是經過了再次甚至多次加工的。

署款『汪芬』的《汪氏譜序》用紙，紙面的平滑、光潔程度已較之武德四年詔書用紙好了很多，紙面上似乎添加過一層塗料，因此微微顯出一些光澤，可能是加上塗料後再行磨砑所致，其下層的襯紙紙面則仍顯粗糙。以蔴纖維爲主的紙面上出現了未能完全搗爛的類似草芯的材料，這可能也是爲了增加紙張的韌性而添加的。其紙張厚度，仍與隋唐之交時期的蔴紙相差無幾。（圖二十一－一、二）

上述兩種紙張，均未見有簾紋，放大後可見纖維縱横交錯，分布不很均勻，表明其采用的成紙工藝可能就是所謂的『澆紙法』。據近代學者蔣玄佁先生的考察，我國東南地區的一些地方在製作桑皮紙時仍採用這一傳統方法。其工藝流程爲：『用竹篾編爲席狀，四邊加欄，以代簾用，二人擡稳，一人用桑皮紙漿澆席上，二人左右摇晃使纖維勻停，即成一紙。』又據他的觀察，『澆紙方法所成之紙，其紋理不整，圓皺如雲』，『其紙理縱横邪側』，『製成後欠均細，以手工使之平勻』[一]，所以，蔣氏又認爲早期的所謂『側理紙』就是這一類紙張。當然，這種方法并不僅限於製作桑皮紙，用其他原料造紙時也經常使用。

《集珍》卷中紙張性質與此類同的文獻，還有北宋後期俞獻卿的跋文。但據目測觀感，紙面的光滑程度似還不如汪芬《叙》的用紙，這也許是磨砑加工程度不同引起的差别吧。（圖二十二－一、二）

（二）楮皮紙類

以楮樹皮爲主要原料造紙，起源較早，或在漢至兩晋時已經出現，因楮樹在南北方皆有生長，取料便利，唐代以後逐漸普遍，以此取代了蔴纖維。皖南的宣城地區大都采用楮皮作爲造紙原料，浙東北的會稽地區以楮皮加入當地盛産的竹纖維造紙，一度産量不小，韓愈稱會稽所産的楮皮紙爲『會稽楮先生』，因此聲名遠播。《集珍》卷中有不少入宋以後的文獻，據目測

[一] 蔣著《材料史》第三二頁。

圖二十一-一　汪芬《汪氏譜序》用紙微距放大

圖二十一-二　紅圈内爲暴露在紙面上的類似草芯的材料

圖二十二－一　俞獻卿跋用紙直觀放大

圖二十二－二　紅圈内爲半露於紙面的類似草芯的材料

圖二十三　左爲黄葆光《越國公神傳》用紙直觀圖，中、右圖爲局部放大，纖維分布較均匀，但比較疏鬆

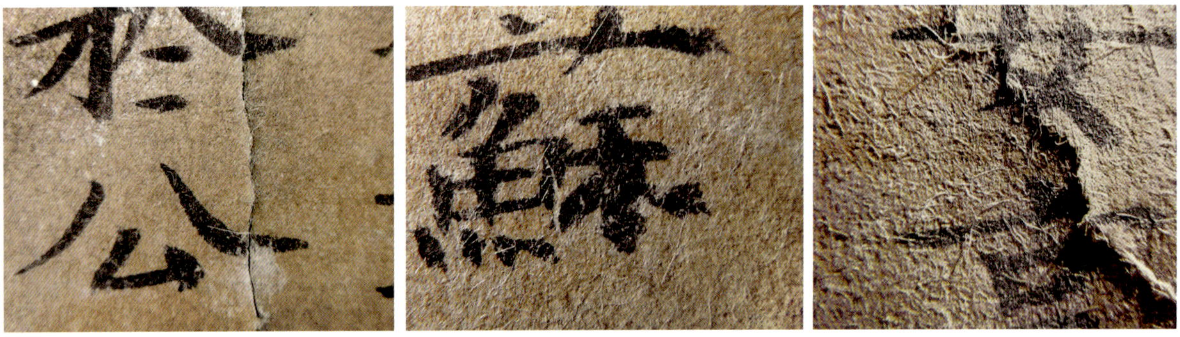

圖二十四　《唐越國汪公傳》用紙局部。左圖直觀平滑細膩；中圖的放大倍數較大，可見纖維分布較均匀；右圖的紙張撕裂邊緣暴露的纖維較長，表明紙張韌性較强。

觀察，均爲楮皮紙。其特點是紙張較薄，紙面比較平滑，纖維細密，韌性較大。與蔴紙相比，輕軟而便於舒卷，不易折裂，也有利於書寫。不過，來自不同産地的紙張中依然雜有其他未經完全搗爛的植物纖維殘渣。

黄葆光的《唐越國公神傳》用紙，原大肉眼觀察，已具有紙面較爲平滑勻整的特徵，微距攝影後放大看，可見其中雜質較少，表明原料加工已達較高水準，但紙質比較疏鬆。（圖二十三）

與黄葆光的用紙相比，《唐越國汪公傳》的用紙顯然更好一些。（圖二十四）紙面直觀十分平滑，且有一定的厚度，放大數倍後可見其纖維細緻緊密，從撕裂處暴露的纖維來看，有一定長度。紙面未見簾紋，其特性可能類似於傳世所説的宋代軟黄紙。

軟黄紙，可能是因其與硬黄紙在某些方面類似而得名（圖二十五）。從紙張的直接觀感上看，它與硬黄紙一樣，有較爲密實堅韌的特點，但在手感和使用效果上説，應該比硬黄紙更爲軟熟細膩和易於書寫。因其軟熟，書寫時易使行筆流暢，對毛筆的鋒毫損傷也較小；因其細膩密實，則易於發力吸墨，但

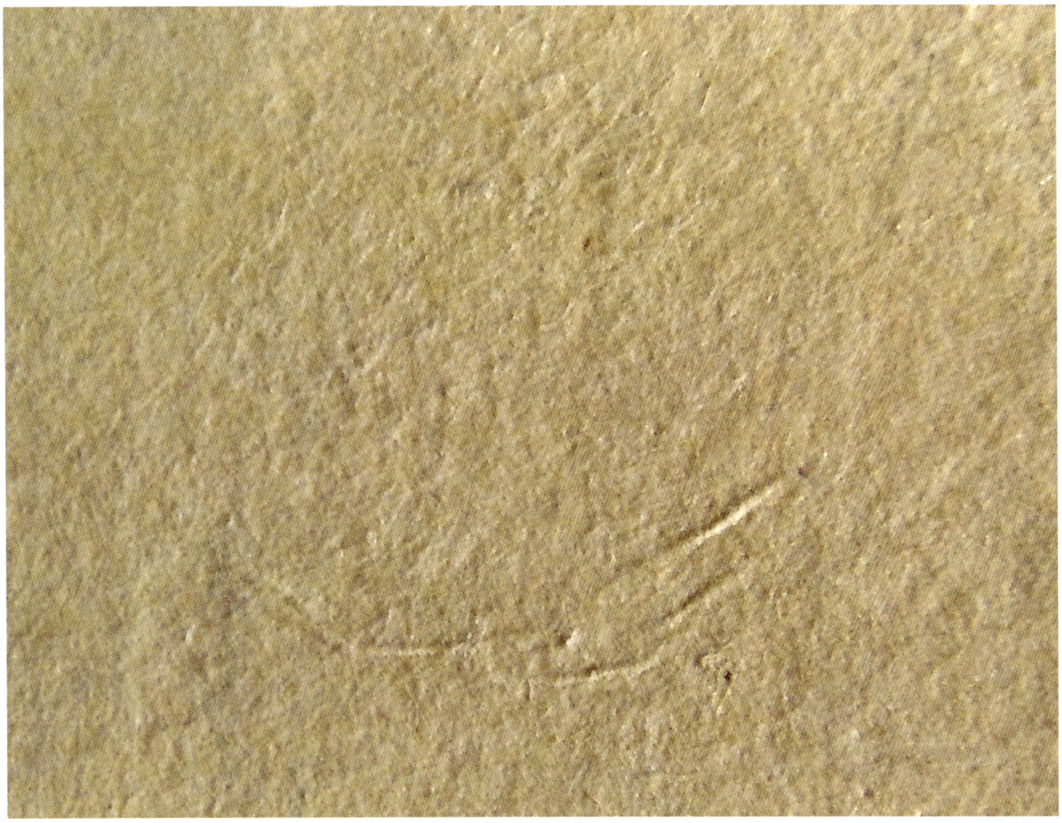

圖二十五　龔心釗舊藏《晉唐歷朝古紙》册（不市本）中的宋代軟黄紙紙面直觀圖（上）和局部放大（下）（原件現爲私人收藏）

基本上不會洇水溢墨。在製作工藝上，同樣是采用澆紙法，因主要原料由蔴纖維改良爲楮皮纖維，又摻入了一定比例的竹纖維，這兩種纖維經碓打、蒸解、自然漂白後，比蔴纖維均匀細密，在澆製成型時分布較爲均匀，不易結塊或離散。從圖二十五所示紙面直接觀察可見，正反映了這些特徵。

《集珍》卷中署款在南宋時期的多件文獻紙張，是在成品紙的基礎上經過再次加工而製成的，比較突出的是羅願《贊語》、趙汝愚《端明學士汪公傳》和宋高宗紹興六年敕書的用紙。

羅願《贊語》使用的紙張保存較好，從現存狀况看，應該是在質地密實的楮皮紙上塗抹了細膩的肉色粉質材料後，再反復研磨加工而成的，其品質相當於後世的粉箋。紙面雖經數百年的磨擦，有些地方已有酥化破損，但至今猶能看出滲入紙面的粉質，且依然保持着温潤柔美的色澤。（圖二十六）

趙汝愚的《端明學士汪公傳》，使用的也是經過再次加工的楮皮色箋（圖二十七）。全紙微帶緑色，但并非紙張本身的顔色，肉眼觀察紙面，有較爲明顯的塗層和研磨痕蹟，因此顯得較爲光滑，墨蹟磨損處可見紙張原有的本色。不過，此紙局部仍有肉眼可見的殘渣留存，表明原料處理尚未達到完美的程度。

宋高宗紹興六年敕頒汪應辰的文書用紙，現存紙面呈橄欖緑色，保存程度較好，紙面因年代已久，局部塗層出現一定程度的磨損、皸裂，但色澤基本未變，整體狀况優於羅文、趙文用紙。（圖二十八）

胡炳的《贊越國公族譜卷》的用紙比較特別. 其紙張保存程度不太好，磨損較明顯，紙面有一層明顯的包漿，并已呈灰暗色，許多部位已經酥化，有的已碎成小片，經後世重裝時仔細拼合黏貼，纔得以基本保持完整。值得注意的是，此紙也微呈緑色，但經仔細觀察後，發現紙面并無殘留的粉質材料（圖二十九）。蔣著《材料史》中提到：

> 楮皮造紙，如蒸解已透，再行天然漂白法，則纖維成爲今之宣紙狀態；如蒸解不透，不用徹底漂白，則製成之紙，老樹爲淡黄色，嫩皮爲淡緑色，其纖維之韌，即同今之皮紙相似。凡紙質堅韌，纖維結塊者，

圖二十六　羅願《贊語》彩箋局部放大，透過磨損處露出的原紙底色，可見經加工後紙色有明顯差別

圖二十七　趙汝愚《端明學士汪公傳》所用彩箋局部放大

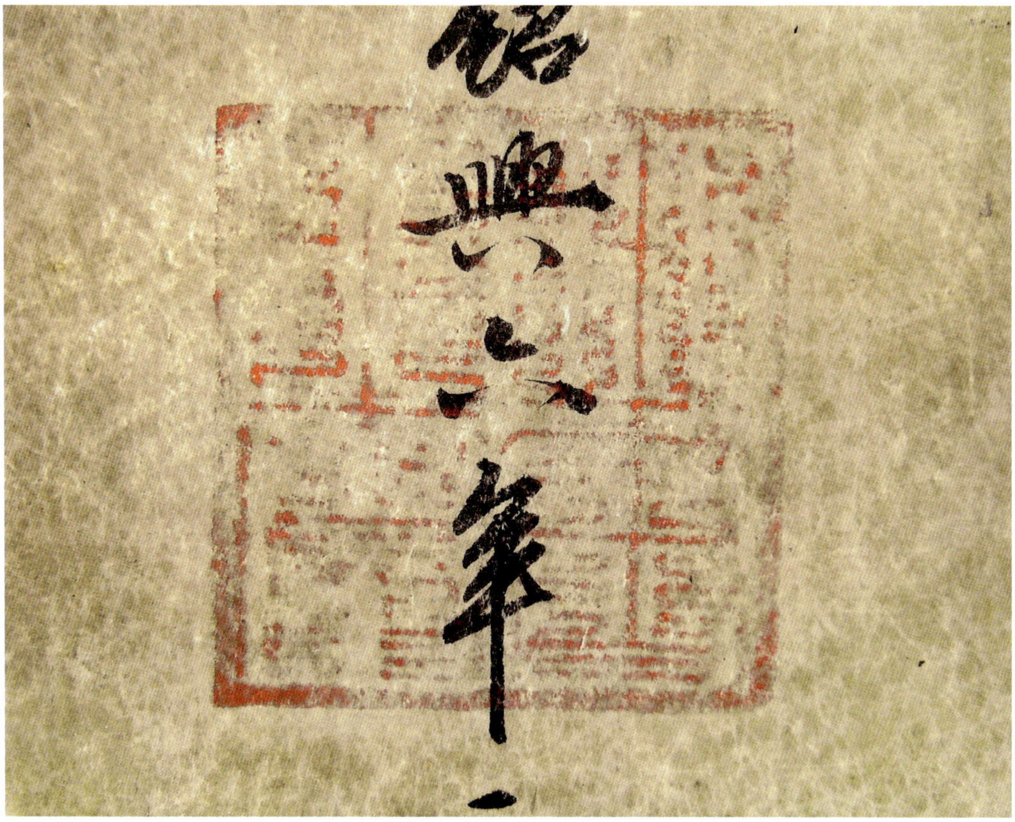

圖二十八　宋高宗《紹興六年敕頒汪應辰告》，用紙局部直觀圖，下圖爲局部放大後所見纖維

圖二十九　胡炳《贊越國公族譜》用紙局部放大

均爲原始造紙的特徵。[一]

他又引《格致鏡原》卷三十七中的一段記載説，『檳榔紙，類木皮而薄瑩滑，色微緑。宋時人頁以書表』，并據此認爲，『微帶緑色之紙，皆爲原料未經蒸解，或經蒸解而未透，故製成之紙，尚留植物色彩』。蔣玄佁先生的這個判斷，對瞭解胡炳《贊越國公族譜卷》所用紙張的特性，很有參考意義。

疑爲汪應辰肖像的用紙，亦屬楮皮紙，未見簾紋，其細膩光滑和密實堅韌程度，均好於《集珍》卷中的其他紙張，以肉眼觀察看，紙面狀態與傳世的宋代鏡面紙甚爲接近。

在傳世宋紙中，有一種稱爲『鏡面』的紙張，比宋代經過改良的硬黄紙、軟黄紙更趨細膩堅韌，之所以有『鏡面』的名稱，可能就是因其紙面光潔如鏡的緣故（圖三十）。佚名《汪應辰肖像》所用紙張，正與此類似（圖三十一）。

楮皮紙是唐中後期到宋元時期使用比較廣泛的紙張，《集珍》卷中的諸多手書文獻，有的可能使用了當代紙張，但也有的很可能使用了前朝舊紙。因此，就上述各件看，紙質高下參差不齊，這應屬於正常現象。

（三）竹紙類

以竹纖維爲主要原料造紙，早已有之，但比較普遍地應用於日常書寫的紙張，則可能在唐以後。不過，由於當時造紙技術尚未完全成熟，紙質無法達到完美的程度，到了宋代，竹紙開始普及，種類也逐漸多樣化。不過，純以竹纖維所造之紙，容易滲墨、脆化，不適合書寫和保存，用於書寫的竹紙，還須添加一定比例的稻草和構樹皮纖維，并經發酵、攤曬和自然漂白等工序，均匀地摻入竹纖維，以增加紙張的韌性和吸墨性。

《集珍》卷中可以確認爲竹紙的，即爲該卷第一件文獻《汪氏統宗世譜之圖》用紙（圖三十二）。這件文獻産生於明前中期，使用的紙張采用抄紙工藝生産，具有明顯的薄而韌的特點，透光所見，有清晰簾紋。紙面的墨色濃郁烏黑，神采奕奕，但有不是很明顯的滲化現象，表明此紙性質屬於半生半熟的類型，其原料當以稻草和相當數量的構樹皮纖維爲主。這類紙張，是宋明之間徽州地區所産紙張的大宗商品，被廣泛運用於日常書寫。

[一] 蔣著《材料史》，第四〇—四一頁。

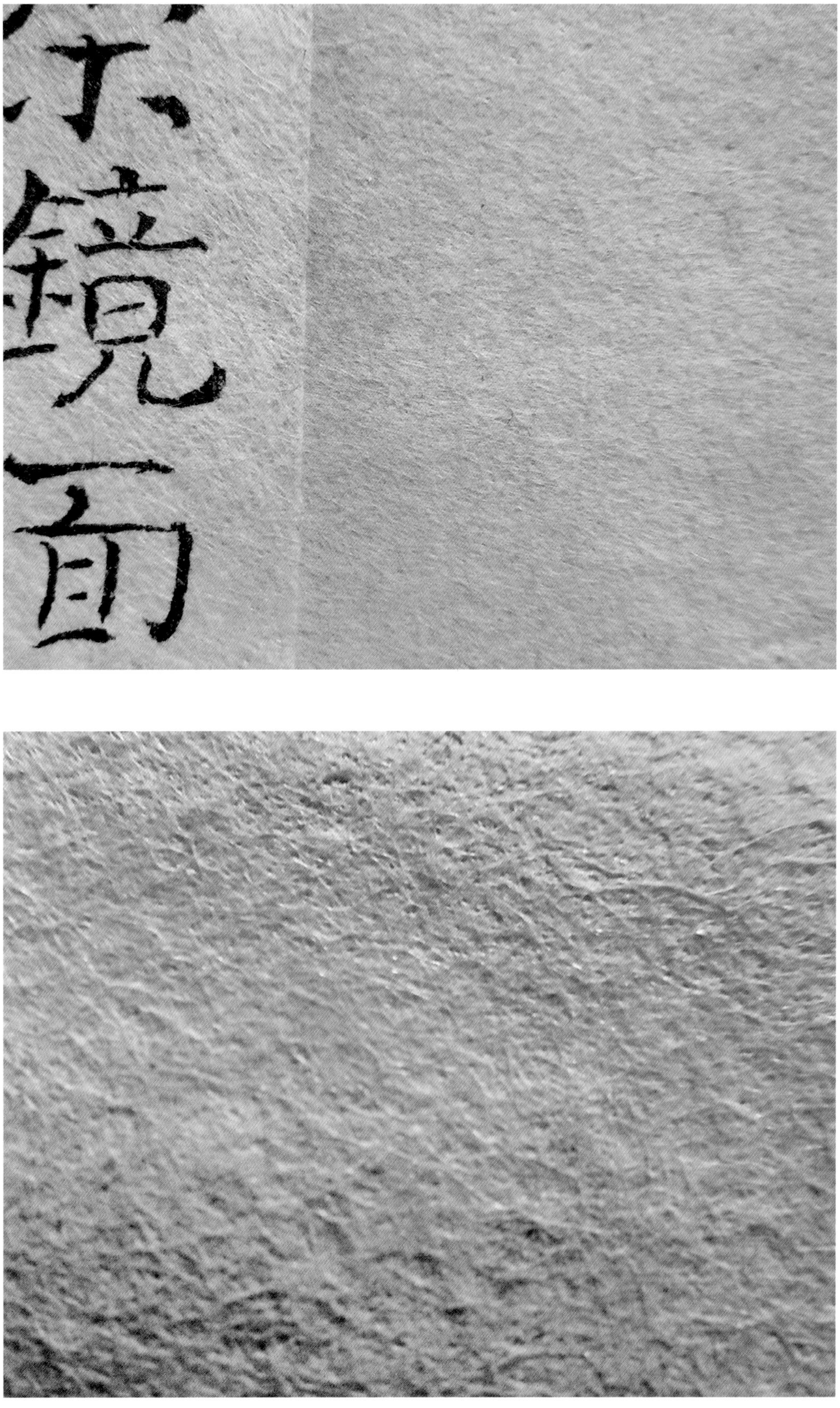

圖三十　龔心釗舊藏《晋唐歷代古紙素册》中的『宋鏡面』樣張紙面直觀圖（上）及其局部放大（下）（原件現爲私人收藏）

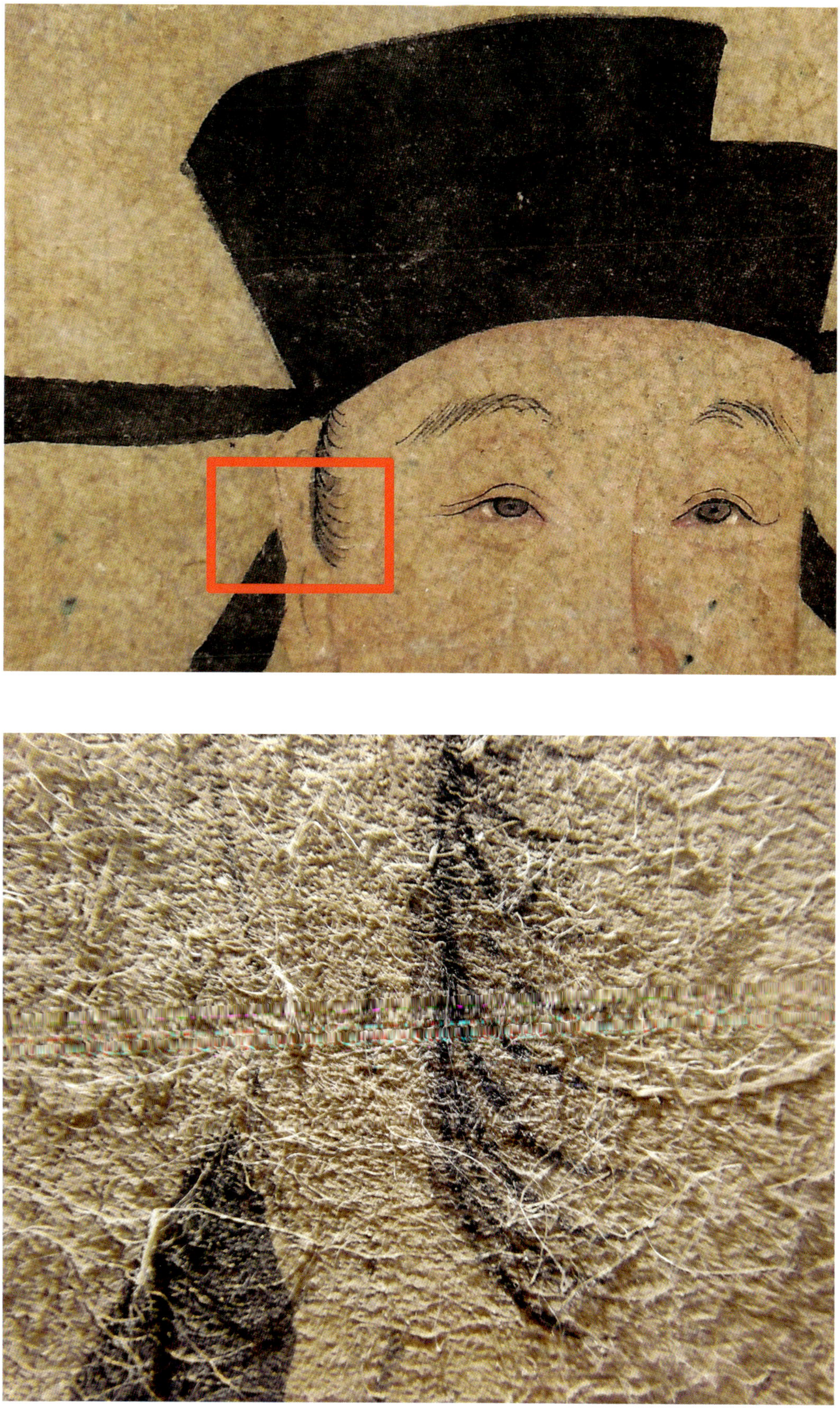

圖三十一　佚名《汪應辰肖像》紙面直觀局部，上圖紅框中的部位即爲下圖，放大後可見有少量細而長的纖維浮於紙面，可能是因長期摩擦引起的紙面起毛所致

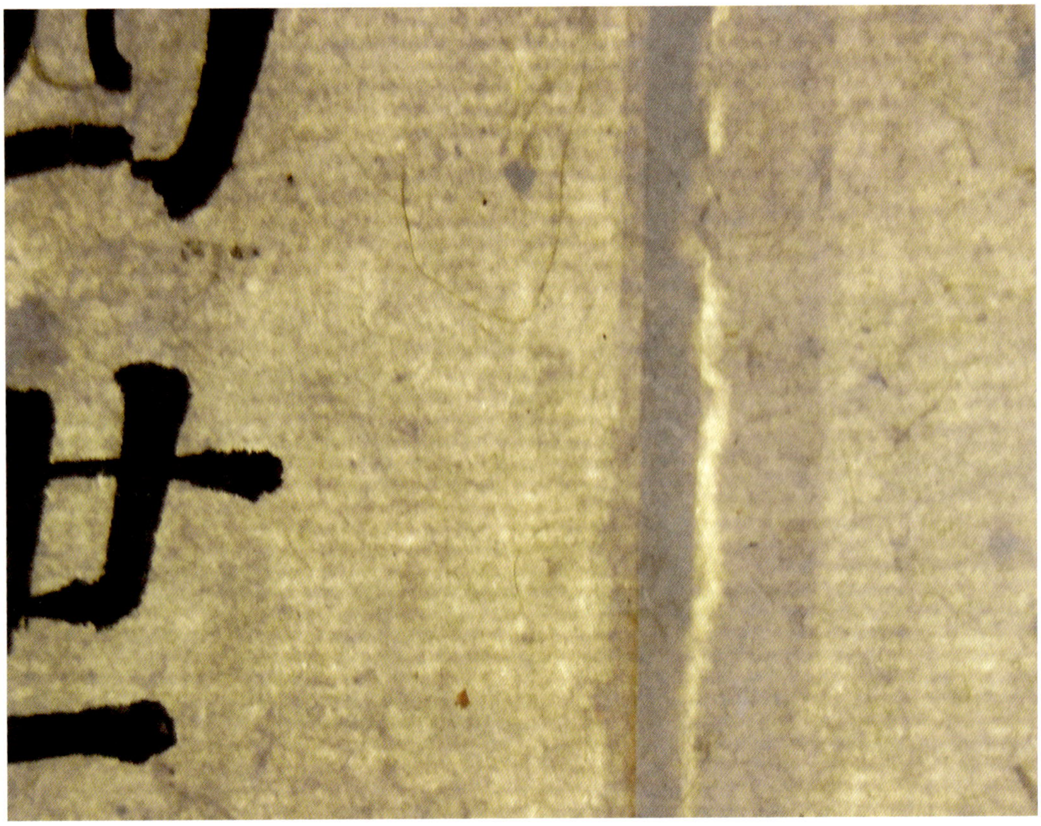

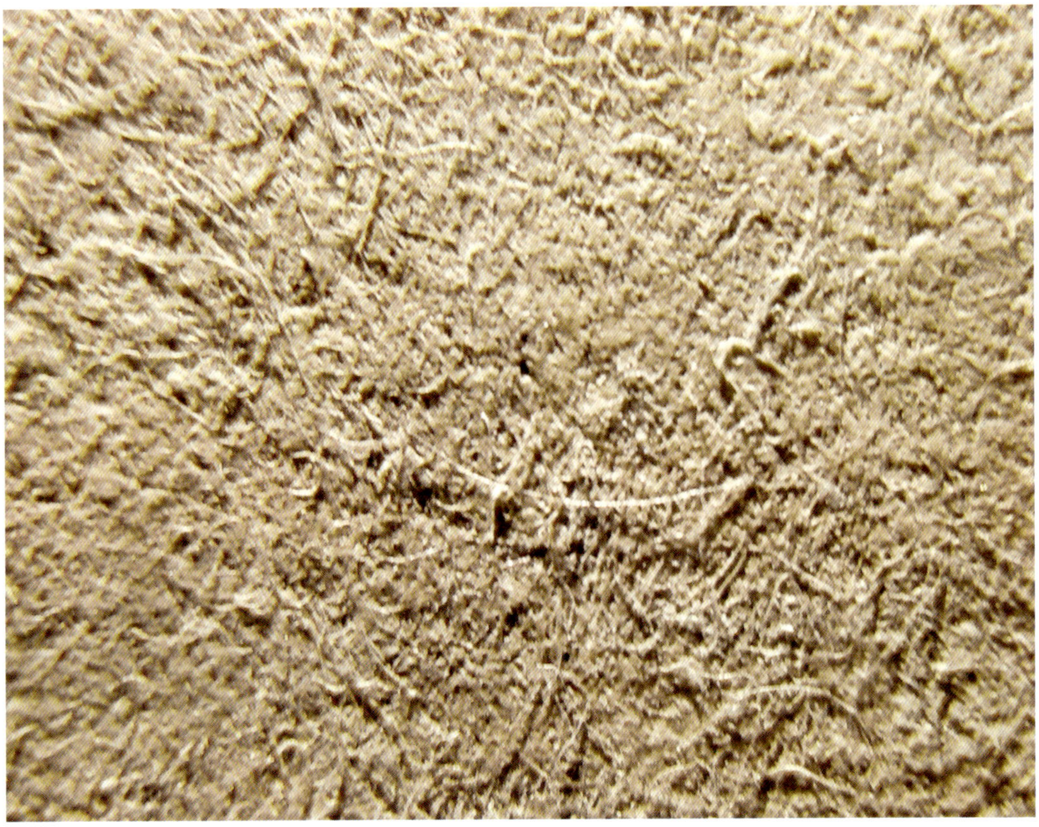

圖三十二 《汪氏統宗世譜之圖》用紙局部。上爲背光環境下所見的紙張簾紋；下爲放大後紙面裸露的竹纖維

在古代書寫紙張的使用中，常有後世之人使用前代紙張的情況，唐宋以降的不少文人士夫尤其熱衷於此道，朝廷和各級官府用紙，除了前朝留存之紙外，主要依靠當時各產紙地區每年按規定數額提供。如南宋時皖南新安地區爲當時重要的紙張產地之一，其地方史料記載，「上供七色紙，歲百四十四萬八千六百三十二張」。所謂「七色紙」，即按紙張的品質、製法和用途所分的「常樣」「降樣」「大抄」「京運」「三抄」「京連」「小抄」七類，此外又有「學士院紙」之目。[一]新安如此，其他如陝西、四川、浙江等產紙地區的地方史料中，也都有類似記載。來源於不同地區的紙張，原料有別，製法也不盡一致。所以，對《集珍》卷文獻所用紙張的考察，或許無法直接佐證文獻本身是否可信可靠，但作爲補充論證的輔助手段，則是一項必不可少的工作。

[一]（宋）趙不悔修，羅願纂《淳熙新安志》卷二「叙貢賦·上供紙」。見《宋元方志叢刊》第八册，中華書局據清嘉慶七年刻本影印，一九九〇年版，第七六三〇頁。

結語

文物價值：歷經數百年匯聚而成，非一時一地一人所能為

文獻價值：部分文獻經出土文物或稀見刊本的印證獲得了可信的依據

藝術價值：日常書寫中銘刻着時代書法風氣的印記，也體現了無名書家獨具一格的創作能力

宗族史料價值：為厘清汪氏宗族重要人物經歷、重要譜牒編纂的歷史真相提供了進一步探究的可能

結語

《新安汪氏文獻集珍》卷中二十件有關汪氏家族的歷史文獻，形成於不同的歷史時期，直到大約明代前中期纔集中裝裱成卷，匯聚了十餘位歷史名人的書法墨蹟，成爲一個整體，其內容豐富，文體多樣。其見諸典籍而在內容上與後出之書略有出入者，經條分縷析，其合理性優於後出之書者甚爲明顯；其未見記載的，從考訂結果看，大部分亦有相當的可信度或真實性。如此説來，《集珍》卷的價值可從以下幾個方面來看。

第一，文物價值。如果按《集珍》卷中各篇墨蹟本的款識紀年或作者生活時代看，除了卷首的《汪氏世譜統宗之圖》外，其他均産生於明代以前，初唐和中唐時期各有一件，两宋時期則多達十三件，宋末元初一件，其中如汪芬、程卓、黄葆光、程元鳳、胡炳、趙汝愚、程琳等不少歷史名人的墨蹟，均爲今之僅存者。卷中最值得關注的，是唐高祖武德四年出於中書省官員之手的硃筆詔書，其書法特質和行文格式經過與今存出土實物、史籍文獻比對考訂，可信度大大增加。當然，卷中有些作品可能非署名者本人所書，但就其用紙和書法風格特徵看，與署名者所處的時代相去不會太遠。

第二，史料文獻價值。《集珍》卷中的各時期文獻，時間跨度長達七八百年，其間，社會屢經動蕩，光是因大規模戰亂而引起的朝代更替就有三次，由此導致毁失湮没的官方和民間史料無計其數。即便某些文獻有賴於當時的刊布傳鈔得以幸免於難，也很難保證在流傳過程中不出現一點差錯謬誤。《集珍》卷中多篇從未見於著録的文本，作者有集者，可再經過仔細考訂後補入其文集，作者無文集留存者，則可補入同時代全集中。卷中另有一些雖見於著録但内容與後世刊行本有出入者，其産生時間明顯早於今存刊刻之書，更何况還是墨蹟本，所以是用於典籍校勘糾錯補正的極佳參考。

第三，藝術價值。《集珍》卷中的寫本墨蹟，多出於不同歷史時期的文官或學者之手，絶大部分作者不見於書史記載，無論楷、行、草書，均以其日常書寫特質爲基礎。即便是把序跋贊辭當成作品來寫的汪棨、胡炳、許衡等人，不僅其作品極有個性，有的還對書法藝術具備了頗有見地的認知，但可能是因爲書蹟流傳絶少，所以傳統的書法史從未關注過他們。但是，這些在當時來説均屬常態的書法，却從另一個側面真實反映了書法藝術發展演進的社會特質，爲後人瞭解那些非專業書家所處時代的書法風氣，提供了難得的實證依據。

第四，宗族歷史的文化價值。據粗略統計，汪氏家族的後裔約有四五千萬之多，早已遍布全球各地。徽州地區的汪氏後人，是汪氏家族中重要的一支，向來十分重視對本宗本族歷史的記録、積累和探索研究，其譜牒文獻的收集和編纂傳統代代相因，世世沿襲，蔚爲風氣，堪稱中國古今譜牒文化的重要標誌之一。《集珍》卷中的各種史料，作爲現有的文本文獻的珍貴的實物依據，或填補了徽州汪氏家族歷史文獻空白，或對深入研究徽州汪氏的繁衍傳承提出了新的課題，這些特有的文化價值，都爲宗族歷史的賡續起到了重要的支撐作用。

【附記】

《新安汪氏文獻集珍》卷自二〇一六年從上海朵雲軒集團的藏品庫房釋出首度面世，經上海電視臺新聞頻道發佈消息後，筆者即開始對其內容和歷史文物價值進行探究，前後持續了七八年之久，現在終得以『初探』為題殺青書稿，算是作為階段性工作的總結。在此期間，得到了徽州汪氏後人、著名畫家汪觀清先生的熱心關注，得到了學者錢杭、王振忠兄的學術支持，也得到了茅子良、鄭威、李建國、汪洋、馬邦樂、曹瑞鋒等師友在資料獲取或內容審讀方面的大力幫助。當然，如果沒有此卷收藏者祿和堂主人慨然提供原件，研究工作可能就無法順利展開。值此本書付梓之際，謹向上述各位致以深切的謝意。同時，也對上海書畫出版社同人為書稿編輯、裝幀設計付出的辛勤勞動，表示由衷的感謝。

圖書在版編目（CIP）數據

新安汪氏文獻集珍卷初探 / 禄和堂編；承載著．
上海：上海書畫出版社，2024. 12.
-- ISBN 978-7-5479-3467-8
Ⅰ. K820.9
中國國家版本館CIP數據核字第2024FR4495號

新安汪氏文獻集珍卷初探

禄和堂 編　承載 著

責任編輯　曹瑞鋒
審　　讀　陳家紅
責任校對　黄　潔
封面設計　王　崢
技術編輯　包賽明

出版發行　上海世紀出版集團
　　　　　上海書畫出版社
地址　上海市閔行區號景路159弄A座4樓
郵政編碼　201101
網址　www.shshuhua.com
E-mail　shuhua@shshuhua.com
製版　上海久段文化發展有限公司
印刷　浙江海虹彩色印务有限公司
經銷　各地新華書店
開本　889×1194mm　1/16
印張　15.5
版次　2025年3月第1版
　　　2025年3月第1次印刷

書號　**ISBN 978-7-5479-3467-8**
定價　**598.00圓（全二册）**